DO SOPRO UM VENDAVAL

SAUL TOURINHO LEAL
SENIVALDO DOS REIS JÚNIOR
DEPOIMENTO A RODRIGO HAIDAR

DO SOPRO UM VENDAVAL

A história da reparação de uma injustiça

1ª EDIÇÃO
SÃO PAULO • 2023

AMANUENSE

Edição e texto: Rodrigo Haidar
Projeto gráfico e diagramação: Luciana Huber
Fotos: Claudio Gerber

Dados Internacionais de Catalogação na Publicação (CIP)
(Câmara Brasileira do Livro, SP, Brasil)

Leal, Saul Tourinho

Do sopro, um vendaval : a história da reparação de uma injustiça / Saul Tourinho Leal, Senivaldo dos Reis Júnior. – 1. ed. – São Paulo : Amanuense, 2023.

ISBN 978-65-80788-17-0

1. Injustiça 2. Juízes - Biografia 3. Magistratura - Brasil 4. Racismo - Brasil 5. Superação - Histórias de vida I. Reis Júnior, Senivaldo dos. II. Título.

23-164994 CDD-920

Índices para catálogo sistemático:
1. Superação : Histórias de vida 920
Eliane de Freitas Leite - Bibliotecária - CRB 8/8415

AMANUENSE

Amanuense Livros Ltda.
Rua Nilo 241, Sala 02 – CEP 01533-010 São Paulo SP
contato@amanuense.com.br
www.amanuense.com.br

APRESENTAÇÃO

"Tenho uma história boa que talvez te interesse pra coluna. Mas não vou me adiantar e não quero te influenciar, porque o caso fala por si só, meu amigo. Vou te mandar as informações objetivas e o link pra um vídeo. Assista e tire suas próprias conclusões".

A ligação do Saul foi assim, curta e grossa. Instantes depois chegava no meu *WhatsApp* o link para uma sessão do Órgão Especial do Tribunal de Justiça de São Paulo. Era outubro de 2020. Dias antes da ligação, naquela sessão que eu começava a assistir, os desembargadores decidiram demitir o juiz Senivaldo dos Reis Júnior sob a acusação de que ele era coach e, advertido pela Corregedoria do Tribunal, se recusou a cumprir a ordem de interromper a atividade taxada de irregular pelo Conselho Nacional de Justiça.

Esse era o motivo declarado da demissão. Mas as manifestações dos juízes durante a sessão revelavam as nuances. E é nas nuances que, sabemos, se esconde a essência.

Assisti, ao longo da carreira de jornalista especializado na cobertura do Poder Judiciário, a incontáveis sessões de tribunais, judiciais e administrativas. É comum que nas sessões administrativas, mesmo diante de fatos por vezes graves, o tom dos magistrados seja mais ameno. Uma reação, muitas vezes, humana. Outras vezes, corporativista. Não era, contudo, o que se via naquela sessão do Órgão Especial. As críticas estavam acima do tom, principalmente diante da hipocrisia do que estava em discussão – uma busca de 30 segundos no Google nos coloca diante de uma penca de cursinhos preparatórios para concursos, alguns integrados por magistrados.

Por que, então, o caso de Senivaldo era diferente? O que, de fato, levava os desembargadores aplicar a pena máxima a uma infração aparentemente banal? Para muitos, o motivo não declarado da decisão se fez presente de forma cristalina em alguns votos. Um dos desembargadores, por exemplo, ressaltou que, na primeira fase do concurso para a magistratura, Senivaldo foi aprovado nas vagas reservadas para cotistas. Por isso, o desembargador dizia não saber se "ele atingiu aquele número, na primeira fase, exigido dos demais candidatos, o que tornaria, paradoxalmente, mais grave a conduta dele".

Diante do vídeo da sessão, fui atrás de dados, fornecidos pela assessoria de comunicação do tribunal. Nos cinco anos anteriores, o Órgão Especial havia punido 37 magistrados do Poder Judiciário paulista: 27 juízes e 10 juízas. Todas e todos com penas de advertência e censura. Apenas uma demissão: Senivaldo dos Reis Júnior.

Não é preciso dizer que demissões de magistrados são raríssimas. E têm de ser mesmo, porque poucos são os cargos da República em que se faz uma coleção de desafetos com tanta facilidade. Por mais correto, justo e afável que seja o juiz, sempre haverá pessoas insatisfeitas com sua decisão. De novo, é da condição humana. Nada mais natural.

Com os dados em mãos, usei meu espaço na rádio BandNews FM para chamar a atenção para essa demissão. Me espantava não apenas o motivo da decisão, mas também um desembargador ter dito, sem meias palavras, que o fato de um candidato negro ter sido aprovado no concurso pelo sistema de cotas tornava a conduta dele mais grave. Disso, poderíamos inferir que juízes negros e juízas negras, se fizeram uso do sistema de cotas, têm de se portar de forma mais cuidadosa do que seus colegas? Certamente não é assim que pensa a esmagadora maioria da magistratura brasileira.

O comentário sobre a demissão do Senivaldo foi ao ar no dia 13 de novembro de 2020. Conversei algumas vezes com o Saul ao longo do processo, mas só voltei a prestar atenção de verdade ao caso em abril de 2022, às vésperas de o CNJ julgar a revisão disciplinar que o advogado apresentou em nome do juiz demitido. O processo foi pautado e retirado de pauta algumas vezes, até que, no dia 24 de maio de 2022, o Conselho Nacional de Justiça derrubou a decisão do TJ-SP e determinou a reintegração do juiz aos quadros da magistratura paulista.

O que se passou neste ano e meio em que Senivaldo ficou fora do exercício da função de juiz? Como são os bastidores de um processo complexo como esse? Como um advogado decide as ações que tomará no curso do processo e qual a influência do cliente nessas decisões, ainda mais quando o cliente é um juiz? Quais os dramas da vida humana, reais, palpáveis, que são vividos intensamente e que ficam fora dos autos? A resposta para essas perguntas – e para várias outras – está neste livro que você, leitora, leitor, tem nas mãos.

É uma aventura, da qual tive o prazer de participar a convite do Saul e do Senivaldo. Conheço Saul há mais de 15 anos. Tivemos contatos intensos por alguns anos, em Brasília. Depois, trocamos palavras mais raramente. Voltamos a nos aproximar quando ele assumiu o "caso do juiz coach". Mas nunca deixei de acompanhar sua exitosa carreira de advogado e acadêmico. Senivaldo conheci só em julho de 2022, quando ele já estava de volta à vara, em plena atividade, mas ainda lambendo as feridas.

A decisão de aceitar escrever sobre um caso paradigmático foi fácil. Difícil foi conseguir colocar em texto a experiência de vida rica, riquíssima, dos dois personagens que são os autores deste livro, sem perder a essência de suas vozes. O livro é deles, a voz é deles, a história é deles. Eu contribuí apenas com o trabalho técnico, com a experiência de costurar as memórias dos autores de forma a tentar tornar o mais prazerosa possível a viagem da leitura de um caso tão relevante.

Desejo que a sua leitura seja tão satisfatória quando foi o meu trabalho com essa dupla!

Rodrigo Haidar
Junho de 2023

"Chegou chegando, hein?!"

"Chegou chegando, hein, doutor! Tô gostando de ver. Obrigado, viu, por provocar essa discussão de hoje com o prefeito. A gente precisa muito que as pessoas prestem mais atenção a esses problemas aqui na cidade. Nossa rede de apoio está muito frágil. Valeu mesmo!".

Eu descia as escadas do Fórum de Palestina em uma tarde quente de 21 de julho de 2022 quando uma senhora de meia idade com expressão leve e feliz, de camiseta azul adornada com os símbolos do Conselho Tutelar, me abordou no meio do caminho com as palavras acima. Confesso que fiquei sem reação. Sorri amarelado, agradeci não me recordo com quais palavras e não consegui evitar que meus olhos ficassem marejados. Sequer perguntei seu nome, coisa de que me arrependo, porque não é do meu feitio.

É que aquela expressão tão espontânea e sincera de apreço pelo meu trabalho provocou imediata viagem no tempo, quase como as banais viagens ficcionais em que somos sugados e, de repente, estamos em outro tempo e espaço. Meu mundo retrocedeu exatamente 1 ano, 8 meses e 23 dias até o Fórum de José Bonifácio, quando eu descia uma escada quase idêntica àquela de Palestina, mas em situação bem diferente: com uma sacola de plástico nas mãos com poucos pertences, máscara no rosto com a expressão "FÉ", cabisbaixo, derrotado. Acima de tudo, me sentindo muito injustiçado, porque acabava de ser demitido do cargo de juiz de Direito pelo Órgão Especial do Tribunal de Justiça de São Paulo.

Estar de volta à ativa, com a alma lavada, e perceber que ainda poderia fazer a diferença, mexeu comigo – fazer a diferença, aliás, é uma expressão que o leitor verá algumas vezes ao longo deste livro, porque é uma expressão de fé que passa de geração para geração na minha família.

Mas, voltemos às escadas.

As palavras de encorajamento da senhora que dedica seu tempo a proteger crianças e adolescentes em situação de vulnerabilidade – e, por isso, certamente merecedora de elogios mais efusivos do que eu – foram ditas depois de uma reunião de mais de três horas, solicitada por mim e pelo promotor da cidade, Gustavo Yamaguchi Miyazaki, com as autoridades do Executivo e do Legislativo municipais. Palestina é um município de menos de 20 mil habitantes, que fica a cerca de 60 quilômetros de São José do Rio Preto, no interior de São Paulo. Não há, na cidade, uma Casa-Lar ou instituição de acolhimento para menores em situação de vulnerabilidade que precisam ser afastados da família natural. O que provoca, evidentemente, alguns problemas.

Fui designado para responder pela Comarca de Palestina em 27 de junho de 2022. Ou seja, pouco menos de 30 dias antes daquela reunião, que provoquei porque chegaram ao gabinete alguns processos em que havia o envolvimento de menores de idade – não escreverei qualquer detalhe sobre os casos pelo necessário sigilo dos procedimentos em que há crianças e adolescentes nos autos. Mas percebi a falta de uma rede de apoio efetiva para lidar com questões do gênero.

Tenho por princípio que o Judiciário deve evitar, tanto quanto possível, adentrar em questões de políticas públicas, que dependem de ações dos outros dois Poderes, Legislativo e Executivo. O zelo deve ser ainda maior nos casos em que há a necessidade de realocação de recursos financeiros para atender a ordem judicial. O Poder Judiciário tem a caneta, mas não a chave do cofre. E, muitas vezes, na ânsia de atender ao pedido de uma parte ou solucionar uma questão individual, ainda que com a melhor das intenções, o juiz pode terminar por desarrumar as finanças públicas.

Para resumir, solicitei a reunião com o objetivo de tentar convencer o prefeito, o presidente da Câmara dos Vereadores e outras autoridades locais presentes à conversa sobre a importância de alocar recursos para manter uma casa de acolhimento de crianças e adolescentes em situação de risco ou mesmo vítimas de violência. Enfim, foi um pedido de ação feito ao Poder Executivo e ao Poder Legislativo pelo Poder Judiciário. Tudo para que eu, com a caneta de juiz cheia de tinta, não precisasse tomar medidas que impactassem na execução dos projetos da cidade e na destinação de dinheiro público. Ainda que tal ação viesse apenas no ano seguinte, com o novo plano orçamentário municipal.

A reunião, modo geral, foi bastante boa e abriu um canal de diálogo republicano entre os poderes locais que é uma marca que, sem falsa modéstia, tento imprimir por onde passo. Um Judiciário de portas abertas à população, que sai às ruas para não ficar preso na torre de marfim – ou em sua bolha, para usar uma expressão mais corrente nos dias de hoje.

Essa marca pessoal, esse modo de trabalhar e de pensar a Justiça, que ganhou elogios da senhora nos degraus do Fórum de Palestina, foi um dos motivos pelos quais eu acabei enquadrado como *coach* – algo que nunca fui – no processo administrativo disciplinar que virou meu mundo do avesso. Em um espaço de dez meses, período em que correu meu processo administrativo disciplinar, deixei de ser o juiz produtivo e professor que criou um método simples e inovador de estudos para me tornar conhecido como o "juiz *coach*" que ousou descumprir uma ordem da Corregedoria do Tribunal de Justiça de São Paulo. E que, por isso, foi demitido.

Os fatos e as versões que me levaram a passar por essa situação são complexos, multifacetados e é realmente impossível atribuir a um ou dois fatores minha história de queda e reconquista da dignidade. Mas há pessoas e passagens que dão sentido à história, sem as quais teria sido inviável percorrer esse caminho tão rico em ensinamentos quanto profundamente acidentado. Este relato que o leitor tem nas mãos não tem a aspiração de ser farol ou guia, mas uma conversa despretensiosa sobre as provações que muitas vezes somos obrigados a passar e que forjam as mulheres e os homens que ainda seremos.

É uma história sobre cair, levantar, sacodir a poeira e dar a volta por cima. E, ainda assim, ter a ciência de que, sozinhos, somos pequenos.

"Oi, Saul. Aqui é o Senivaldo."

"Esse Brasil, cujas estruturas estatais distinguem pela cor da pele, uma pele, é um Brasil que precisa acabar".

Ao ler a frase acima, escrita por Frei Davi na peça em que se somou aos autos para nos ajudar a tentar desfazer ou, ao menos, remediar mais uma patente injustiça – entre as tantas contra as quais este tão valente quanto abnegado homem vive a bater-se –, fiz a mesma viagem no tempo descrita nas primeiras páginas deste livro pelo meu cliente que se tornou amigo, o juiz Senivaldo. Voltei mais de um ano no tempo, a um começo de tarde de quinta-feira, quando em uma conversa telefônica aflita e apressada um juiz que acabara de ser demitido pelo Tribunal de Justiça bandeirante me consultava sobre a possibilidade de advogar pelo seu bom direito.

Pedi para conversarmos com calma na manhã seguinte. A pandemia da Covid-19 impunha, então, o distanciamento. Estávamos nos dias finais de outubro de 2020, quando o Brasil somava 160 mil mortes causadas pela doença trazida pelo novo coronavírus, com não menos do que 500 brasileiros vindo a falecer diariamente por conta dessa enfermidade que assolou o mundo. A situação sanitária exigiu uma reunião virtual, marcada para o dia seguinte, sexta-feira, 30 de outubro.

Antes da conversa, como de costume, procurei saber sobre o caso por meio de uma breve pesquisa. Já tinha, um dia antes, ouvido falar da demissão do "juiz *coach* do TJ paulista", mas por meio de uma rápida lida em uma notícia no meio do cipoal informativo em que vivemos hoje. Na pesquisa um pouco mais atenta, fiquei informado de que, segundo o Tribunal, o magistrado, ainda em período de estágio probatório, havia desobedecido reiteradamente a ordem de interromper o treinamento de aspirantes ao cargo de juiz.

Com isso, fui à reunião virtual. Em mais ou menos uma hora de conversa, Senivaldo me explicou o método de ensino que havia desenvolvido, do que exatamente se tratava e da injustiça da decisão porque ele, por vontade própria, havia consultado a Corregedoria sobre a possibilidade de seguir com a atividade de ensino — que, importante frisar, nada de *coach* tinha, porque não havia absolutamente nenhum treinamento pessoal de candidatos a concursos da magistratura, como ficará cristalino mais adiante.

Que o direito era bom, já estava claro. Mas, ao final da conversa, de forma quase displicente, como se falasse de algo desimportante, Senivaldo me diz: "Ah, há um fato que talvez seja interessante dizer, que é a impressão de que a decisão peca por racismo estrutural". Alerta máximo ligado! "Racismo estrutural? Como assim, Dr. Senivaldo?". O juiz, então, me contou sobre o julgamento, as frases ditas por um desembargador sem qualquer aparte dos colegas e certas perguntas feitas ao longo do Processo Administrativo Disciplinar, o PAD.

Abriu-se, então, um novo portal na minha cabeça. Algo fundamental na discussão havia sido, até ali, relegado a um papel coadjuvante. Mas que era central! O que, na ótica do juiz de Direito, poderia ser talvez usado pela defesa, na visão do advogado com um trabalho dedicado ao Supremo Tribunal Federal e, portanto, que consome mais literatura voltada a direitos fundamentais, mais material relativo a direitos humanos e de minorias, se tornou a chave para enfrentar a injustiça.

Pedi a ele a íntegra do PAD e passei o final de semana debruçado sobre as 1.245 páginas do arquivo .pdf. Nunca fez tanto sentido uma das frases que mais gosto de usar: "Durma tarde cansado, acorde cedo disposto e, entre uma coisa e outra, ame. A vida é para isso". Pois dormi tarde, cansado, e acordei cedo, disposto, de sexta a segunda. Estava não apaixonado, mas quase obcecado por aquele processo administrativo. O equívoco do TJ saltava aos olhos.

Para ilustrar a iniquidade com um rápido exemplo, em resposta ao ofício da Corregedoria do Tribunal, uma juíza se espantou com o fato de que um jovem juiz negro era capaz de exercer liderança. Parece exagero? Eis o trecho do que escreveu a colega do juiz Senivaldo ao corregedor, sobre seu temperamento: "Ele, sem constrangimento, dominou a conversa frente aos outros cinco magistrados que estavam conosco. Narrava fatos, entendimentos jurisprudenciais, expressava opinião sobre fatos diversos, num tom quase discursivo, o que muito nos surpreendeu e até assustou".

Pensei comigo: "Vejam, senhoras e senhores, que absurdo: um juiz que fala". Ali decidi abraçar o caso e marquei para a segunda-feira, 2 de novembro, nova reunião com Senivaldo. Ajustamos os termos do contrato e, no dia 4, quarta-feira, exatamente uma semana depois da decisão que o expulsou do cargo de magistrado, entramos com Revisão Disciplinar no Conselho Nacional de Justiça.

Mãe, passei!

Gravata torta, cara de bobo alegre, tirei a *selfie* em frente à sede do Tribunal de Justiça de São Paulo, um prédio imponente no coração da maior cidade da América Latina. Fica bem ao lado da Catedral da Sé, que está defronte do marco zero da capital paulista. Olhava tudo aquilo, agora, com um misto de respeito temeroso e alegria incontida. "Passei, Luana! Passei! Amor, passei!". A cabeça também passou. Ou melhor, passeou. Passeou por Ceres, por Goiânia, pelas viagens, pelas trocas de ideias com incontáveis colegas, pelas horas e horas de estudo. É impressionante a quantidade de imagens e sensações que o cérebro pode produzir em um espaço de poucos segundos. Flashes das aflições, ansiedades, noites insones e latas e mais latas, muitas latas, das bebidas energéticas que fazem parte da dieta regular de todo concurseiro.

A cabeça ainda passeou pela família, minha base, meu esteio, meu fundamento. Falava ao telefone com Luana depois de trocarmos dezenas de mensagens, a cada candidato cujas notas eram reveladas no telão alocado no Salão do Júri do Palácio da Justiça, naquela manhã de uma quarta-feira um pouco cinza, dia 8 de agosto de 2018. As notas de quatro avaliadores eram exibidas no telão.

Somadas as notas e divididas por quatro, a média não poderia ser menor do que 6,0. O resultado era revelado por ordem alfabética – e eu pensava nos tantos nomes lindos que se iniciam com a letra A que meus pais poderiam ter escolhido... Letra A, letra C, letra D, e o relógio se arrastava. "Chegou a letra S, amor", escrevi. Senivaldo dos Reis Júnior. A primeira nota foi 6,5. "Tenho 0,5 de lambuja", pensei. Segunda nota: 8,0. "Agora tenho 2 pontos acima da média". Terceira nota: 7,5. "Passei?". Quarta nota: 7,38. "Passei!".

A vida de quem se dedica a prestar concursos públicos, principalmente para cargos do sistema de Justiça, se resume a estudar, pesquisar editais e procurar passagens aéreas e hotéis com preços razoáveis. Muitas vezes, as viagens são feitas de ônibus. São muitas as viagens e pouco o dinheiro – ao menos essa era a minha realidade e a de muitos colegas, que não nascemos em berço de ouro. Colegas, diga-se, que se tornaram amigos no decorrer do caminho que nos permitiu vestir a toga.

Nos concursos, aprendi que é possível chegar a São Paulo por três aeroportos: Viracopos, em Campinas, cerca de 100 quilômetros de distância do centro da capital paulista; Aeroporto Internacional, em Guarulhos, cidade da região metropolitana ao lado da capital e a 25 quilômetros da Praça da Sé; e Congonhas, o mais próximo de tudo, que fica literalmente no meio da cidade, 20 minutos distante do centro, de carro. Pela localização, as passagens para pousar em Congonhas são mais caras. Por isso, sempre comprei para desembarcar em Viracopos ou em Guarulhos para fazer as provas.

Para acompanhar a divulgação do resultado naquele 8 de agosto, não tinha sido diferente. Desembarcaria em Guarulhos. Mas, dias antes, me dei conta de que havia comprado a passagem para o horário errado. Certo de que a divulgação do resultado seria na parte da tarde, minha passagem reservada com antecedência previa o pouso para as 10h. Contado o tão famoso quanto engarrafado trânsito paulistano, eu iria perder a divulgação das notas. Não consegui outro voo por Goiânia. Então, troquei meu voo por um com embarque em Brasília, que fica a 200 quilômetros da capital de Goiás. Fui de ônibus a Brasília e me hospedei na casa da tia Abnéia. Não queria contar a ninguém, além da Luana, o motivo da viagem, então disse a ela que faria um curso de um dia ali na capital da República.

Acordei cedo, ansioso, e não consegui convencer minha tia a me deixar "ir ao curso" de táxi. Ela fazia questão de me levar. "Imagine, Júnior, era o que faltava você vir a Brasília e eu não te dar uma carona", disse minha tia. Então, tive de revelar que iria, na verdade, para o aeroporto, a caminho de São Paulo. O sorriso e o olhar de minha tia me aquietaram a alma. Senti como um bom presságio. Chegara a minha vez? Sim, como eu viria a saber horas depois. "Passei".

Luana, a companheira da vida, e eu, chorávamos, comemorávamos, nos atropelávamos nas palavras, enquanto eu começava a ouvir o sinal de mensagens pipocarem aos montes no *WhatsApp*. "Passei! Passei! Sim, passei!". Pensei em quem estaria enviando as mensagens, já que quase ninguém da minha família sabia que eu estava em São Paulo naquela manhã que, aos meus olhos, deixava de ser cinza e aparentava mais do que ensolarada: brilhante!

Liguei para a minha mãe e disse algo que ensaiei dizer várias vezes nos anos anteriores: "Mãe, passei!". Emocionada, ela deu o telefone ao meu pai. Choramos, juntos, os três. Havia muito a processar. Primeiro, contei que estava em São Paulo. Depois, que estava ali para acompanhar a divulgação do resultado da última fase do rigoroso concurso para a magistratura paulista. E, então, que acabara de me tornar juiz de Direito. Em São Paulo. Liguei para a minha tia, que, de certa forma, já sabia. Conversei com os colegas aprovados, troquei mensagens de apoio com aqueles que ficaram pelo caminho. Muitos deles, hoje, já são juízes. O segredo é que não há segredos. O caminho é feito de muito suor, algum sangue e, se tudo correr bem, muitas lágrimas catárticas.

Depois do choro, das mensagens, enquanto a ficha ainda ia, aos poucos, caindo, tirei o paletó, arregacei as mangas e contemplei a manhã que já não era cinza para mim. A beleza, afinal, está nos olhos de quem vê. Postei a foto com a gravata torta no Instagram. Respirei fundo. E olhei para o meu antebraço direito, para a mão que segurava o celular. Para a minha pele negra.

Já vi isso em algum lugar

"(...) O Doutor Senivaldo é de Goiás e o goiano é dessa forma (...)".

"(...) Esses problemas, por exemplo, do ponto e vírgula, por vezes era usada corretamente, mas por vezes, não; por vezes tinha uma questão que deveria ter um ponto e prosseguir a frase ou, então, era um caso de vírgula, em vez de colocar vírgula, colocou o ponto e vírgula. (...)".

"A senhora sabe se ele tem mulher, esposa, tem esposa, filho?"

"Deslumbrado seria um adjetivo na impressão da senhora?".

"(...) é um candidato que ingressou inclusive na magistratura, na primeira fase com aquela nota menor dentro do sistema de cotas (...)".

"(...) ele estaria vendendo uma receita que não serve para noventa e tantos por cento das pessoas, porque ele não atingiu aquele número de cotas, ao que consta, mas, de novo, eu não tenho certeza e não quero ser inconsequente e irresponsável dentro dessa afirmação."

Destacamos as expressões impróprias, para dizer o mínimo, que faziam parte do PAD que levou à demissão o juiz Senivaldo na folha de rosto do pedido de Revisão Disciplinar que protocolamos no Conselho Nacional de Justiça. E assim fizemos com o firme propósito de que as irregularidades cometidas no procedimento saltassem aos olhos dos conselheiros do CNJ como saltaram aos nossos olhos. Estava cristalino, afinal, que a fronteira do bom senso e da justiça havia sido ultrapassada na instrução do processo. Tratava-se de um caso excepcional, que, por isso, exigia ações fora do trivial.

O escritório onde trabalho me permite criar. O exercício da inovação é incentivado. O caso de Senivaldo nos permitiria, mais do que corrigir uma injustiça manifesta, trabalhar de maneira criativa e intensa para bem atender ao cliente, que estava compreensivelmente ansioso, agitado, aflito.

Ler o tipo de questionamento feito em relação ao comportamento do juiz Senivaldo, com perguntas completamente divorciadas do propósito ao qual deveria servir a avaliação do estágio probatório, me fez rememorar uma decisão tomada pelo CNJ quase dez anos antes, em processo que envolveu o mesmo Tribunal de Justiça de São Paulo. "Já vi isso em algum lugar", pensei.

Escrevi na peça apresentada ao CNJ que era necessário escrutinar a razão subjacente à demissão de Senivaldo. Porque aparentava haver ali o que chamei de reincidência institucional. Isso porque, em 2012, o CNJ foi chamado a derrubar o que se convencionou classificar de "entrevistas secretas" realizadas pelo Tribunal de Justiça paulista. Entrevistas privadas com perguntas subjetivas e pessoais feitas por desembargadores aos candidatos do 183º Concurso de Ingresso na Magistratura de São Paulo. Candidatos reprovados acorreram ao Conselho Nacional com relatos de que, após a prova oral, quarta etapa do concurso, foram feitas entrevistas com cada um dos candidatos com perguntas completamente fora de padrão que, por fim, pesaram na avaliação.

Eis exemplos das perguntas feitas pelos desembargadores na ocasião:

– *Mas a senhora está grávida. Não acha que já começaria a carreira como um estorvo para o Poder Judiciário?*

– *Gente de Brasília não costuma se adaptar a São Paulo. O senhor está convicto de seus propósitos?*

– *Qual sua religião?*

– *Sua esposa trabalha? Qual a profissão dela? Tem certeza de que se adaptaria?*

Sustentei, então, que quase uma década se passara desde aquele lamentável episódio. E que o CNJ deveria, mais uma vez, censurar com altivez, sem deixar margem para dúvidas, a postura incorreta de avaliação do Tribunal paulista, para que ela nunca mais se repetisse. Diante dos fatos, o primeiro a abraçar a causa trazida por mim à equipe do escritório foi o próprio professor Ayres Britto, que decidiu se envolver pessoalmente na leitura da peça e me acompanhou em audiências com conselheiros.

Quis o destino que o caso Senivaldo viesse parar nas mãos daquele que presidiu o julgamento do recurso contra o Concurso nº 183, o das entrevistas secretas. O professor Ayres Britto, que era, então, presidente do Supremo e do CNJ, se lembrava bem do processo. E disse, ao julgar ilegal, em setembro de 2012, o procedimento adotado pelos desembargadores paulistas: "Concursos públicos devem primar pela imparcialidade dos julgadores e pela objetividade dos critérios. Quanto maior a objetividade, maior a imparcialidade. Quanto mais se aproxima da subjetividade, mais se afasta do desejo constitucional da imparcialidade. Essa tal entrevista reservada seguiu o caminho inverso, colocou-se em rota frontal de colisão com a Constituição".

No julgamento disciplinar que culminou com a injusta demissão do juiz Senivaldo, não houve entrevistas secretas, mas um afastamento explícito, às claras, à luz do dia, da objetividade e da imparcialidade defendidas pelo professor Britto quase dez anos antes. A esperança de um resultado rápido existia, mas sabíamos que o caminho a ser trilhado poderia muito bem não ser uma linha reta e bem pavimentada. Contudo, nossos primeiros movimentos revelaram que deveria ser ainda mais acidentado do que poderíamos supor.

Primeiro concurso bandeirante com cotas raciais

Nós, pessoas negras, éramos 12% do total de juízas e juízes no Brasil até o ano de 2013. Em 2021, já somávamos 21% das magistradas e dos magistrados. É, sem dúvida, um avanço. Mas, ainda tímido. Muito tímido. Números divulgados pelo IBGE em julho de 2022 revelaram que 56% dos brasileiros se declaravam pretos ou pardos. Não é preciso ser um gênio da matemática ou da lógica para perceber a desigualdade que reflete a composição da magistratura nacional.

O Poder Judiciário deve ser plural, diverso. Para julgar com equilíbrio e justiça, é necessário conhecer, entender e, se possível, ter vivido a complexidade das relações sociais. O exercício da hermenêutica, da interpretação da lei diante do fato, demanda vivência. E, com a mais elevada vênia e consideração, um juiz branco jamais entenderá o que é ter a cor preta, porque, provavelmente, nunca foi seguido de perto pelo segurança de um supermercado simplesmente porque sua pele tem grande concentração de melanina. É principalmente por isso que se faz necessária a ocupação de cargos por pretas e pretos, e não apenas na magistratura, mas em altos cargos do serviço público de forma geral.

No ritmo de crescimento atual de ocupação por pessoas pretas e pardas, a equivalência entre brancos e negros nos cargos de magistrado só será atingida perto do ano de 2060. É muito tempo! Para muitos, uma vida inteira. Estes números estão disponíveis para quem quiser consultá-los no site do Conselho Nacional de Justiça, na pesquisa *Negros e Negras no Poder Judiciário*[18].

O CNJ aprovou a Resolução 203 em 9 de junho de 2015, em sua 210ª sessão ordinária. Apesar de tardia, a regra fez com que a magistratura se tornasse a primeira carreira jurídica a fixar esse tipo de ação afirmativa para preenchimento de suas vagas. Um avanço, sem dúvidas. À frente do CNJ estava o ministro Ricardo Lewandowski, do Supremo Tribunal Federal – o presidente do STF, como regra, preside também o Conselho. "Estamos diante de um momento importante, pois é a primeira vez que um dos Poderes da República reservará uma cota para cidadãos oriundos de mais de 50% da população que não têm acesso aos cargos de poder neste país", disse. "Esse é um passo histórico muito relevante, pois estamos contribuindo para a pacificação e a integração do país, e de certa forma reparamos um erro histórico em relação aos afrodescendentes", completou o ministro Lewandowski.

As palavras iluministas podem passar a impressão de que o caminho foi tranquilo, mas não. Houve pedido de vista e conselheiros chegaram a verbalizar, revelando um profundo desconhecimento de políticas de ações afirmativas, que a reserva de vagas poderia ser questionada

18 Disponível em: https://www.cnj.jus.br/wp-content/uploads/2021/09/rela-negros-negras-no-poder-judiciario-150921.pdf

legalmente e resultar na aprovação de magistrados sem qualificação mínima – um pensamento bastante comum, ainda, não apenas na magistratura.

A norma do Conselho determina a reserva, para negras e negros, de 20% das vagas ofertadas em concursos públicos para os cargos efetivos e da magistratura, sempre que houver três ou mais vagas oferecidas no certame. O primeiro Tribunal de Justiça a colocar em prática a Resolução 203/2015 foi o da Bahia. No mesmo mês da aprovação da regra, a comissão de igualdade e combate à discriminação e direitos humanos do TJ baiano resolveu adequar a resolução do CNJ com a realidade do estado e propôs a ampliação na reserva de vagas para garantir que 30% delas fossem preenchidas com candidatos negros.

De acordo com o desembargador Lidivaldo Britto, então presidente da comissão, o grupo foi criado com a finalidade de estabelecer políticas afirmativas e abrir um canal de comunicação com a sociedade, principalmente com os representantes de minorias. "Decidimos ampliar o percentual de cotas aqui na Bahia para 30%, já que em Salvador 80% da população é negra", justificou Britto. Apesar do alto percentual da população negra naquele estado, isso não se refletia – e ainda não se reflete – na magistratura.

Em terras paulistas, a adoção da regra demorou dois anos. O 187° Concurso de Ingresso na Magistratura do Tribunal de Justiça de São Paulo foi o primeiro a aderir à Resolução que criou cotas raciais para vagas de juízes.

O edital do concurso foi aberto em abril de 2017 e 20.385 candidatos se inscreveram para as provas. Na primeira fase, da prova objetiva, 1.361 foram aprovados e habilitados para a segunda fase, das provas escritas: discursivas e de sentença, cível e criminal. A terceira etapa do certame é a da sindicância de vida pregressa do candidato, investigação social e avaliação física e psicológica. A quarta etapa é a das provas orais. Naquele ponto, tinham passado pelo funil da dura seleção apenas 126 dos mais de 20 mil candidatos. A quinta e última fase tratou da avaliação de títulos para classificação final, com 81 aprovados e uma desistência. Entre os 80 novos juízes de Direito de São Paulo, estava este goiano negro que tomou posse em 25 de outubro de 2018, em cerimônia no Salão dos Passos Perdidos, no imponente prédio no centro da capital paulista.

Sim, passei na primeira fase do concurso graças às cotas raciais. Não me envergonho disso, tampouco tenho qualquer pretensão de esconder esse fato na minha trajetória. Ações afirmativas são necessárias. E são realidade em todos os países que levam a sério políticas públicas de redução de desigualdade social e racial. Reserva de vagas na iniciativa privada e em concursos públicos para deficientes físicos, mulheres, para a população indígena, descendentes dos nossos povos originários, e para pessoas pretas e pardas não são favores que o Estado nos presta. São ações de correção de rumos, inclusive as normas que criam cotas para serem preenchidas em partidos políticos e candidatos. Tenho orgulho de ter sido aprovado, sim, pelo sistema de cotas.

Contudo, importante frisar, as cotas se aplicam somente à primeira fase das provas para a magistratura. Nas demais fases do concurso, como nas provas descritivas de redação de sentenças ou nos exames orais, não há quaisquer cotas.

A seleção se afunila e se o candidato não tiver capacidade ou vocação para exercer a magistratura ele ficará pelo caminho. Não fiquei. E, apesar disso, fui apontado como o cotista, aquele que ousou "ensinar o que não sabia". Em português claro, para muitos, eu não poderia lecionar porque, afinal, passar com o sistema de cotas me tornava um professor de segunda classe. A notícia ruim é que o método de estudos que usei e passei a ensinar fez com que muitos fossem aprovados sem fazer uso de qualquer ação afirmativa. Mas isso é assunto para outro ponto deste livro.

Agora, o que importa é ressaltar que, apesar dos elogiáveis esforços do sistema de Justiça de tornar o Poder Judiciário menos pálido, mais plural e colorido, ainda não há diretrizes perenes que coloquem a questão da diversidade como tema de debate e observação obrigatórios. E não se trata, aqui, de achismo. A já citada pesquisa sobre pessoas negras no Poder Judiciário revelou que 74,2% das escolas de magistratura não possuem normativas internas ou complementares às dos CNJ sobre a questão da diversidade racial, nem mesmo regulamentações oriundas dos tribunais a que são vinculadas.

Algo precisa ser feito para mudar essa realidade com um pouco mais de celeridade. Temos pressa. Não podemos ficar a reboque da boa vontade daqueles que sempre deram as cartas. E não se trata de criar uma disputa racial, mas de exigir o reconhecimento que nos cabe. Isso começa com a aprovação de um goiano negro para o cargo de juiz do estado mais economicamente pujante do país, mas não para aí. Até porque este juiz sequer imaginava, quando tomou posse, que em um prazo de apenas dois anos, exatamente em um outubro como aquele em que ele tomava posse do cargo, sua promissora vida profissional viraria de cabeça para baixo.

Indo um pouco mais à fundo nessa questão, fiz uma pesquisa para verificar como se encontra a efetivação da política pública de cotas. O corte temporal vai de 2015 a 2023 – 2015 foi o ano da edição da Resolução 203 do Conselho Nacional de Justiça, que "Dispõe sobre a reserva aos negros, no âmbito do Poder Judiciário, de 20% (vinte por cento) das vagas oferecidas nos concursos públicos para provimento de cargos efetivos e de ingresso na magistratura". Resolução fruto de trabalho hercúleo realizado pelo então ministro e presidente do STF e do CNJ, Ricardo Lewandowski.

Anoto que foram pesquisadas 20 provas (até o fechamento desta edição), sendo que, de um total de 299 vagas disponibilizadas, houve um aproveitamento de 191 aprovações, isso contando aprovados em excedentes.

Se considerarmos tão somente as vagas disponibilizadas o número cai de forma drástica, restando o *tantum* de 102. Chama a atenção que em alguns concursos sequer houve aprovados cotistas (veja tabela ao lado).

O tema é delicado e demanda análise de várias aspectos e uma reforma estrutural do ensino. Mas o que mais me chama a atenção é o que está previsto expressamente na Resolução do CNJ acima mencionada, mais especificamente no parágrafo único do art. 7º: "Parágrafo único. Na hipótese de não haver candidatos negros aprovados em número suficiente para que sejam ocupadas as vagas reservadas, as vagas remanescentes serão revertidas

Provas Magistratura Após Cotas* Data Edital	Vagas para Cotistas	Aprovados	Aproveitamento
TJSE-15	3	3	100%
TJPI-15	5	20	400%
TJDFT-16	14	0	0%
TJRJ-16	3	1	33%
TJAM-16	5	2	40%
TJRJ-16	3	1	33%
TJRS-17	18	4	22%
TJPR-17	1	0	0%
TJSC-17	1	0	0%
TJSP-17	55	16	29%
TJCE-17	10	15	150%
TJMT-18	2	11	550%
TJSP-18	62	7	11%
TJMG-18	24	9	38%
TJBA-18	15	46	307%
TJAC-19	3	21	700%
TJPA-19	10	21	210%
TJGO-21	10	5	50%
TJPR-21	2	4	200%
TJSP-21	53	5	9%

para a ampla concorrência e serão preenchidas pelos demais candidatos aprovados, observada a ordem de classificação no concurso."

Fica uma singela reflexão: será que não seria interessante, a fim de se efetivar a política pública (visto que não alcançou-se 1/3 de aprovações para vagas disponibilizadas), a fixação de que enquanto não se prover tais vagas não haveria o remanejamento para a ampla concorrência?

Enfim, há muito o que se fazer. E quem sabe esse escritor não possa ajudar, em algum momento, voltando a lecionar para auxiliar que mais negros e negras possam colorir o Poder Judiciário?

Vamos ao Plenário

O professor Ayres Britto – que, como escrevi há algumas páginas, foi o primeiro a abraçar a causa no escritório – se envolveu pessoalmente no trabalho de demonstrar o despropósito da pena de demissão de Senivaldo, logo nos primeiros passos que demos no CNJ. Em audiências, o professor discorreu mais de uma vez sobre o direito de Senivaldo e sobre a injustiça do caso. Defendeu que a atividade desenvolvida pelo juiz não se igualava à prática de *coach*. Na verdade, sequer passava perto de qualquer orientação de cunho pessoal. Aquele jovem magistrado nada havia feito além de sistematizar um método de estudos que funcionou para si e, naquela altura, já para muitos outros. E interrompeu a atividade tão logo foi advertido pelo Tribunal paulista.

Com o cuidado e a delicadeza que lhe são peculiares, o professor explicou que também havia no caso uma sombra de racismo a macular a decisão. As perguntas feitas na instrução do PAD, as respostas a elas e frases ditas no julgamento administrativo revelavam, com alguma facilidade de compreensão, a injustiça da demissão.

Quando fomos ao CJN, colocamos em campo nosso maior jogador porque acreditávamos em uma liminar que revertesse aquela demissão, ainda que temporariamente, com certa brevidade. Mas, apesar de todos os esforços, a liminar foi rejeitada.

É preciso confessar que, mesmo cientes da possibilidade de uma decisão contrária – sempre há essa possibilidade –, a rejeição do pedido de liminar nos aborreceu: a mim, ao Senivaldo e aos meus colegas de escritório, todos, em maior ou menor grau, envolvidos com o processo. Aquele não era apenas mais um caso no escritório. Quando Senivaldo me ligou aflito naquela tarde descrita nas páginas anteriores, sua demissão ainda não tinha projeção. Mas, no dia seguinte, mesmo enquanto conversávamos, o assunto ganhou a mídia e as redes sociais, porque havia circulado o vídeo do julgamento em que um dos desembargadores do Tribunal paulista fazia menção às cotas.

Então, quando cheguei com o caso, o burburinho noticioso já havia antecipado o tema. A pergunta "vocês viram o vídeo da demissão do juiz?" fez as vezes de Saul sem que eu soubesse e, por isso, sua recepção pelos colegas de escritório foi imediata. Eles entenderam que se tratava de um caso de injustiça gritante. "Todos que olharem este caso terão um sabor amargo de injustiça desde a capa do processo. O escritório deve advogar para ele, sim", decidiram meus colegas.

A esperança de que conseguiríamos a liminar existia não apenas porque a injustiça do caso era cristalina, mas até por uma questão de bom trato de recursos públicos. O magistrado já estava na vara, tinha acervo, vinha trabalhando com afinco e mantinha uma produtividade exemplar. Por isso, mantê-lo no cargo até que o plenário do Conselho Nacional decidisse sobre o erro ou o acerto da decisão do Tribunal de Justiça de São Paulo não traria qualquer prejuízo ao erário.

Pelo contrário! Prejuízo havia em mantê-lo afastado. Prejuízo, em primeiro lugar, ao jurisdicionado, porque uma vara sem magistrado, ainda que por pouco tempo, é sinônimo de cidadãos não atendidos. E prejuízo aos cofres públicos, porque se ao final do litígio o CNJ decidisse, como decidiu, que o tribunal deveria reintegrá-lo, iria arcar com todos os subsídios não pagos, com as devidas correções, e sem a contrapartida do trabalho prestado pelo juiz. Então, na minha concepção, e na de minhas colegas e meus colegas de escritório também, a liminar era a melhor decisão.

Mas a realidade se impôs. O Direito comporta interpretações várias e encontramos, nos primeiros passos, quem não tinha a mesma concepção sobre o caso. Restava sacodir a poeira e dar a volta por cima. "Vamos ao Plenário".

Eu só queria ser professor...

Em 19 de agosto de 2019, menos de um ano, portanto, depois da minha posse como juiz, senti um arrepio ruim percorrer a espinha ao ser notificado da apuração preliminar aberta 11 dias antes pela Corregedoria-Geral de Justiça de São Paulo. O procedimento visava apurar "possível descumprimento" de decisão do Conselho Superior da Magistratura, que havia determinado, meses antes, que eu interrompesse minhas atividades de docente em um curso preparatório de reta final para a magistratura. Interrompi as aulas logo que notificado. Por isso, apesar do arrepio, não temi pelo futuro. Afinal, havia cumprido à risca a ordem.

Eis que, em 1º de outubro, recebo a notificação de abertura de prazo para defesa prévia. Ora, defesa prévia significa a possibilidade de abertura de Processo Administrativo Disciplinar, o temível PAD. Não era essa a comemoração de um ano no cargo de juiz que me passava pela cabeça, mas se tem algo que aprendi na minha caminhada é que a gente faz planos e a vida ri deles. Apresentei defesa prévia, que o Órgão Especial rejeitou, por unanimidade, em 27 de novembro. E determinou a abertura de PAD para apurar "possível

(i) descumprimento da decisão proferida pelo Conselho Superior da Magistratura quanto à imediata cessação de atividades incompatíveis com a jurisdição; e (ii) exercício de atividade empresarial e de *coach*".

Aqui é importante contar o que aconteceu, de forma a tentar mostrar como jamais eu descumpri e nem pretendi descumprir quaisquer determinações da direção do Tribunal de Justiça de São Paulo.

Em 6 de dezembro de 2019, enviei à direção do Tribunal um e-mail informando minha participação no cursinho para que houvesse a autorização expressa para essa minha atividade. O teor exato da mensagem foi o seguinte:

Informação participação Curso

Para os devidos fins, venho por meio deste informar o que se segue:

Sou coordenador de Cursos de Reta Final para Magistratura Estadual no empreendimento Educacional denominado Vorne Cursos.

A minha participação se resume em organizar rodadas de prova objetiva, rodadas de prova discursiva e sentenças.

Não há, por hora, participação ou gravação de aulas, sendo todo material de apoio do curso.

Não há plano pedagógico, por ser conforme a demanda de editais que vão sendo abertos durante o ano.

Demando uma carga horária de aproximadamente 1h:30 por dia com esse trabalho.

No mais, fico à disposição para demais esclarecimentos.

Atenciosamente,
Senivaldo dos Reis Júnior
Juiz Substituto

Outros 17 juízes, todos colegas aprovados no mesmo concurso que eu, tiveram a mesma iniciativa: informar à Corregedoria sobre a atividade de docente em cursos preparatórios. O Tribunal entendeu que a atividade descrita por mim na mensagem não era de magistério e não comportava o que classificou como "interpretação extensiva do conceito de magistério". A atividade, na ótica dos desembargadores, se assemelhava à de *coach*, "ainda que não seja procedida de forma individualizada". Cumpri integralmente o que me foi determinado.

Mas mantive em um site materiais científicos, doutrinários e cadernos acadêmicos que eram disponibilizados a bacharéis e advogados que se submetiam a concursos para carreiras jurídicas. Sempre e sempre com a intenção de ajudar, auxiliar aqueles que sonham com a magistratura. Consegui e achei que, com a minha fórmula, poderia ajudar colegas. Importante: a aquisição do material era feita exclusivamente por meio do site, de forma eletrônica e completamente impessoal. Após a compra do material, não havia qualquer tipo de interação com os alunos. Nada, por nenhum meio, físico ou por aplicativos. A venda do material estava a cargo da empresa da qual eu figurava como sócio, mas sem qualquer ingerência administrativa ou financeira.

Mantive o site e o material porque a determinação de cessar a atividade de docente, ao menos no meu entender, estava vinculada ao curso de reta final no Vorne. Não tive qualquer intenção de desrespeitar a ordem da Corregedoria. Nunca, jamais, em tempo algum, desde que tomei posse como magistrado, treinei candidatas ou candidatos ao cargo de juiz. Ao pesquisar a expressão *coaching* no Dicionário Houaiss *on line* recebemos a seguinte resposta: "*Coaching* é uma forma de desenvolvimento na qual alguém denominado *coach*, ajuda um aprendiz ou cliente adquirir um objetivo pessoal ou profissional específico através de treinamento e orientação". Nada do que fiz se assemelha ou se encaixa, nem de longe, nessa definição.

Ainda me mantinha relativamente tranquilo porque tinha para mim que não havia desobediência e que, em dado momento, os desembargadores iriam verificar isso. Eu e Luana falávamos sobre a falta de compreensão acerca do que eu realmente fazia. "Não sou *coach*", repetia mentalmente. Apesar disso, começaram a me chegar informações angustiantes. "Você os ofendeu, desobedeceu a ordem deles. Não pegou bem. Talvez haja uma censura". Expliquei a não mais poder o equívoco. Então, veio o parecer do Ministério Público recomendando a minha demissão. Aí, meu mundo caiu.

Agora você me deixa conduzir a causa?

Senivaldo era um cliente incomum sob todos os pontos de vista. Primeiro, um magistrado. Ou seja, de leigo não tinha nada. Discutia as questões com propriedade, lia as peças, dava pitacos. Em segundo lugar, o cliente era uma pessoa física, o que foi de um ineditismo inesperado em um escritório voltado majoritariamente para casos em que se defendem teses, não pessoas. Eram dois desafios grandiosos na gestão do processo e do cliente.

Em regra, no escritório atendemos a associações, federações, confederações, mais raramente empresários, que nos trazem desafios que envolvem avaliações técnicas, refinadas, problemas complexos, mas impessoais. Na maior parte das vezes, tratamos com equipes e departamentos jurídicos. Claro que as decisões, nestes casos, também impactam as vidas das pessoas na medida em que geram consequências para empresas ou entidades. Mas a gerência dos processos é impessoal, os interesses jurídicos não guardam emoções.

Nosso novo cliente, um juiz demitido, era diferente de tudo isso. O processo era pura emoção. Uma acusação injusta, que gerou uma demissão cuja consequência foi interromper a realização de um sonho alcançado com sangue, suor e lágrimas. Muitas lágrimas. Não era a empresa de Senivaldo. Não era um cliente de Senivaldo. Era a vida de Senivaldo que estava em jogo. Esse fato nos obrigou a ter uma nova perspectiva de trabalho.

Magistrado aprovado em um dos concursos mais difíceis do país há menos de dois anos, Senivaldo sabia quais eram os caminhos processuais, quais as possibilidades de explorar o regimento interno do CNJ. Muito mais do que eu, porque estudou o tema com muito mais afinco e de forma detalhada. O foco central da minha advocacia não mira o CNJ. Portanto, o cliente era alguém que tinha profundo conhecimento processual da regra aplicada às suas questões, e que estava diante do caso da sua vida. Logo, se sentia autorizado a dar sugestões para a condução jurídica do caso. Isso exigiu muito mais paciência, habilidade e serenidade do que são necessárias nos outros casos do escritório. Houve muitos "nãos". Muitos, mesmo. Mas eram tantos "nãos" que, vez ou outra, nos sentíamos obrigados a atender o pedido de explorar algum caminho colocado por ele para nossa avaliação.

Em uma das vezes em que cedemos, me arrependi. Senivaldo me ligou. "Saul, há um vácuo no CNJ. O mandato do relator expirou, portanto, o processo não tem mais relatoria, porque depende da posse de um novo conselheiro que ainda não tem sequer previsão de data para acontecer. Eu estou desesperado, sou um juiz expulso da magistratura, mas que briga para voltar e, assim, não posso advogar e não vou dar aulas, por motivos óbvios. Mas estou fora da folha de pagamentos. A minha situação é, de fato, crítica. Por isso, eu gostaria muito que você voltasse ao Conselho para reiterar o pedido de liminar negado lá atrás".

O que responder ao cliente diante de um apelo de tamanha emoção? Outro "não"? Mesmo o mais frio estrategista se abalaria diante de um pedido assim. Senivaldo nunca falou sobre dinheiro, mas sabíamos que já tinha sido cortado o plano de saúde da sua família. Luana deu à luz à bebê Liz um mês após a demissão de Senivaldo, que já tinha Enzo, de dois anos. Sua situação financeira era mais do que precária. Para completar, Senivaldo imaginara que, como estava em estágio probatório e não tinha ainda três anos de serviço público, pudesse voltar ao seu antigo cargo no Tribunal de Contas dos Municípios de Goiás. Não pôde. O pedido era o de que juntássemos todos esses elementos e voltássemos a quem estava no plantão do CNJ para pedir, uma vez mais, liminar que garantisse sua reintegração até o julgamento de mérito do caso.

Eu ainda ponderei, antes de acolher o pedido. "Senivaldo, essa estratégia pode nos desgastar. Se a conselheira plantonista negar, começa a se desenhar uma sucessão de negativas e, quem for contra o seu direito, terá como argumento o fato de que três conselheiros diferentes lhe negaram esse pedido. Isso é ruim para eu defender depois". Mas, Senivaldo insistiu. E pedimos a liminar. E, como eu temia, perdemos.

E perdemos da pior forma possível. Porque a conselheira plantonista, ao negar nosso pleito, fez constar que o mesmo pedido já havia sido feito em outras oportunidades e não havia fato novo a justificar revisão das decisões tomadas por seus colegas.

Tenho duas regras das quais não abro mão. A primeira é o dever de zelar pelo processo como se minha vida dependesse dele. A segunda, fazer isso sem perder a urbanidade, sem deixar, jamais, de ser cortês com o cliente. Mas, neste dia, esqueci por alguns instantes da segunda regra. Peguei o celular e escrevi para Senivaldo: "Perdemos. E veja com que fundamentos a liminar foi rejeitada. Entendo sua situação como poucos, mas será que agora você pode esquecer um pouquinho o processo para que eu possa tomar as providências necessárias à boa condução do caso? Ou será que você tem uma nova tese?".

Senivaldo silenciou. Submergiu. Senti que me dava um gelo. Mas, depois, voltou. Entendeu meus motivos, assim como eu entendia os dele. Eu também não esquecia o processo, que me tirava o sono. O pescoço de Senivaldo estava em jogo, não o meu, mas eu sentia uma responsabilidade imensa pelo pescoço alheio. Depois daquela mensagem, o peso dessa responsabilidade triplicou. O caso estava mais do que nunca nas minhas mãos. Fui estudar novamente cada conselheiro, reler as peças para procurar brechas, voltei ao PAD de mais de mil páginas atrás de pistas que pudessem me iluminar para pensar novas soluções. Enquanto estudava, refletia sobre o tempo do processo. E sobre o tempo da Justiça. E, sem nunca ter comentado isso com Senivaldo para não o desanimar ainda mais, o fato é que eu tinha bastante receio da ação do tempo e de suas consequências sobre o andamento do nosso caso. Sim, o caso era nosso! Eu estava completamente envolvido com o processo e empenhado em reparar a injustiça. Creio que Senivaldo tenha percebido isso.

Não tenho padrinho

"Isso só está acontecendo comigo porque eu não tenho padrinho. Se eu tivesse padrinho, nada disso estaria acontecendo". Ao ouvir isso, minha mãe me repreendeu: "Não diga bobagens, Júnior. Você é filho de Deus, e quem tem Deus (Nosso Pai) não precisa de padrinho. Nunca mais repita mais isso".

Não voltei a repetir a frase e tampouco acreditava piamente nela quando a disse em voz alta. Mas essa era a minha sensação. Tantas situações, tão mais sérias, resolvidas de formas muito menos gravosas do que aquela. Olhava por todos os ângulos possíveis. Voltava ao computador para ler, e reler, minhas mensagens ao tribunal. Repassava minhas explicações, justificativas, minha defesa prévia. Nada daquilo se justificava e, agora, havia um parecer pela minha demissão. Mas, como? Fui procurar orientação, pedir autorização para uma atividade de docência, de ensino, e de repente corria o risco de ser demitido por pedir uma orientação. E, pior, por uma acusação absolutamente infundada.

Nunca fui *coach*. Nada fiz além de implementar planos de estudos e colocá-los à venda na internet, da forma mais transparente possível, já que jamais dissimulei minha participação na elaboração do método. Mas nunca administrei a empresa, tarefa que ficava a cargo da Luana para que eu me dedicasse integralmente à magistratura. A elaboração do material era quase um hobby que eu fazia com alegria nas horas de lazer. Nunca ministrei aulas coletivas, quiçá treinamentos individuais. Para que fique claro sobre o que estou falando, basta olhar a tabela abaixo. Um exemplo do meu trabalho como professor.

Não há segredo algum do método de estudos que desenvolvi. Há trabalho, muito trabalho, mas nenhuma mágica. No plano de estudos de qualquer candidato a concursos públicos, seja para que cargo for, é obrigatória uma análise das provas anteriores: qual o conteúdo exigido nas últimas avaliações? Para organizar meus estudos, sempre separava as provas dos concursos dos cinco anos anteriores e inseria cores nas tabelas para identificar quais eram os dispositivos mais pedidos pelas bancas examinadoras.

A Constituição Federal de 1988 tem 250 artigos – sem contar os 120 artigos do Ato das Disposições Constitucionais Transitórias. Coloquei estes 250 artigos em uma tabela e separei por cores o conteúdo mais importante, de acordo com o histórico dos certames. Artigos que caíram em todas as provas tinham a cor roxa. Artigos muito pedidos, vermelha. Seguiam as cores amarela, azul e branca, sendo marcados em branco os artigos que nunca foram pedidos. Sempre levando em conta o histórico das provas aplicadas nos últimos cinco anos. Para quê perder tempo estudando algo que nunca é pedido se eu posso investir mais energia para problematizar a fundo todas as questões acerca daqueles dispositivos que sempre são pedidos? Além das tabelas de constância dos artigos, criei também um roteiro com um quadro de horários: um cronograma sobre quais e quantos artigos estudar por dia. É um método de estudos, mas não é um treinamento pessoal. Nunca, repito, nunca foi. Todas essas informações foram disponibilizadas para a avaliação do Tribunal.

Infelizmente, nada disso foi levado em conta na defesa prévia e, diante desse cenário desfavorável, tive de procurar um outro advogado para minha defesa no processo disciplinar. Me pareceu que o primeiro patrono tinha entendido qual era a repercussão do caso e o que efetivamente eram as tabelas e estudo. Diante desse impasse, surge o nome de Marco Antônio Lauria Parisi, o Dr. Lauria, indicado por meu colega Airton Pinheiro de Castro Dr. Lauria aceitou trabalhar no meu caso de pronto. Logo no começo de nossa conversa, já entendeu que se tratava de um caso claríssimo de mera elaboração de material de estudo – e não a prática de *coaching* – e viu uma sólida tese de que eu jamais agi com dolo ou vontade de desobedecer às diretrizes da Corregedoria.

Para além de advogado, Dr. Lauria foi um bom conselheiro. Por diversos momentos pensei em desistir e abandonar o processo. O que mais dói em um procedimento como aquele não é eventual decisão desfavorável e, sim, a angústia da espera. Não foram raros os momentos em que pensei em pedir exoneração e seguir a vida noutra direção. Mas a vontade de lutar por justiça prevaleceu em todos os momentos, principalmente após as longas conversas que tinha com meu pai, Senivaldo dos Reis, minha fortaleza, meu porto seguro, meu colo sempre disponível – soube depois, pela minha mãe, Abigail da Silva Borges Reis, que ele se fazia de forte, mas desligava o telefone e chorava por sentir nele a minha angústia. Pai é pai.

As peças da defesa do PAD eram todas calcadas no fato inquestionável de que eu não era *coach*. Também levamos aos desembargadores dados sobre a minha produtividade e eficiência à frente das varas pelas quais passei, o que revelava dedicação integral à magistratura. Preparamos os memoriais para distribuir antes do julgamento e, para minha surpresa, no dia 13 de outubro de 2020, o Dr. Lauria me liga perguntando sobre minha aprovação no concurso. Mais especificamente, se eu havia, de fato, sido aprovado pelo sistema de cotas. A pergunta vinha e a resposta era inédita, porque isso não tinha sido objeto de deliberação durante as nossas reuniões. Demorei a perceber do que, de fato, se tratava aquele processo.

O relato de meu advogado sobre a conversa que teve em audiência com um dos desembargadores foi o que me fez começar a perceber na carne, graças ao choque que me percorreu a espinha, da nuca à base das costas, que talvez meu destino já estivesse selado ali. Isso porque o magistrado a quem ele colocava minhas razões fez referência, pela primeira vez, ao fato de eu ter sido aprovado por meio do sistema de cotas raciais. Nas palavras do magistrado que me julgaria, eu era cotista e, portanto, o método de estudos que desenvolvi era "uma receita que não servia para outras pessoas". Minha ficha começava a cair.

Cogitamos trazer aos autos a frase discriminatória e expor o racismo institucional que se desenhava a partir dali. Mas concluímos, primeiro, que o direito estava ao nosso lado. Em segundo lugar, a frase foi dita em uma audiência. Logo, não havia registro dela. E, em terceiro lugar, nos preocupou levar o debate para esse campo, abdicar de nossa razão e descer ao mesmo nível do ofensor – porque, sim, se tratava de uma ofensa.

Ainda disse ao Dr. Lauria que, infelizmente, o desembargador não teria coragem de repetir, no julgamento público, o que disse em uma conversa privada. Sinceramente, eu não acreditava que isso pudesse acontecer, porque é uma fala que foge totalmente ao contexto do julgamento e soa, ao menos para os meus ouvidos negros, claramente discriminatória. Pois a afirmação foi dita em audiência fechada e repetida no julgamento. Para todos que quisessem ouvir.

A angústia do tempo

Apesar de todos os esforços e cálculos, e de, com o apoio incondicional da equipe do escritório, ainda seguirmos otimistas, àquela altura se solidificava em nosso caminho um elemento que é profundamente destrutivo em muitos casos: o tempo. O receio era o de que o "caso do juiz *coach*" ou "o caso do juiz demitido por racismo" caísse no esquecimento. Meu principal termômetro era a imprensa, que já não tinha o mesmo apetite noticioso dos primeiros momentos do processo. E o principal problema é que não havia, de fato, o que noticiar, porque faltavam novidades sobre o caso – aprendi, em minha trilha na advocacia, que a demora em colocar casos em pauta não gera notícia, infelizmente.

Como na briga entre o mar e o rochedo, quem apanha é o marisco, nosso caso ganhou um novo obstáculo absolutamente distante de nosso alcance. Uma batalha política em torno da indicação ao Supremo Tribunal Federal, travada entre o então presidente do Senado, David Alcolumbre, e o presidente da República, Jair Bolsonaro, fez com que o julgamento da Revisão Disciplinar fosse adiado por falta de quórum qualificado para julgá-lo. Não que não houvesse quórum mínimo. Havia! Mas um processo como aquele, com quórum apertado, poderia nos trazer prejuízos incalculáveis. E os próprios conselheiros preferiam aguardar o plenário completo a formar um precedente tão importante com um colegiado reduzido.

Em outubro de 2021, a situação do CNJ era preocupante. No dia 25 daquele mês, a revista *Veja* noticiava: "Além de travar a vida de André Mendonça na CCJ do Senado, Davi Alcolumbre segura cinco indicações de conselheiros ao CNJ. A situação é tão bizarra que o conselho pode sofrer um apagão na próxima semana, quando ficará sem quórum para sessões, já que outro integrante deixará o colegiado. O CNJ é presidido por Luiz Fux, chefe do STF. Ele já cobrou dos senadores uma resposta para a situação. O colegiado é formado por 15 integrantes e ficará nos próximos dias com apenas nove nomes"[19].

Um dos mandatos que havia expirado já há algum tempo era o do relator do nosso processo. Algo que poderia ser comemorado – dada a visão do desembargador sobre o nosso direito, já manifestada em audiência ao professor Ayres Britto – se transformou em uma espera um tanto desgastante.

O então Advogado-Geral da União, André Mendonça, foi escolhido pelo presidente da República para o cargo de ministro do Supremo Tribunal Federal em 13 de julho de 2021, data em que a indicação foi publicada no Diário Oficial. O ministro foi sabatinado pela Comissão de Constituição e Justiça do Senado somente em 1° de dezembro. Quase cinco meses separaram a indicação do

19 Disponível em: https://veja.abril.com.br/coluna/radar/trava-de-alcolumbre-na-ccj-vai-provocar-apagao-no-cnj/

ministro e a sua sabatina – tratou-se da mais longa espera para uma sabatina àquele cargo da história recente da República. A ministra que havia levado mais tempo para ser sabatinada até ali era Rosa Weber, com um prazo de 30 dias entre a indicação e a sessão de avaliação feita pelos senadores da CCJ.

Para tomar posse, os juristas indicados ao Conselho Nacional de Justiça também precisam ser sabatinados pela CCJ do Senado. Depois da sabatina, tal qual a regra aplicada a ministros do Supremo, dos tribunais superiores e a uma série de outras autoridades, os indicados têm de ser aprovados pela maioria dos votos dos 27 integrantes da CCJ e, depois, pela maioria dos 81 senadores, em votação plenária. Com a pauta travada em uma disputa política entre o chefe do Senado e o chefe do Poder Executivo Federal, as indicações ao Conselho Nacional de Justiça também não eram avaliadas.

Nesse compasso de espera, cheguei a ficar receoso pelo futuro do nosso caso. Confessei isso ao meu colega Rodrigo Barbosa, um jovem advogado negro, que me ajudou bastante e me acompanhou na sessão de julgamento. Disse a ele: "O tempo milita contra o caso. A depender do quão demorado seja esse julgamento, pode ser que o Conselho diga que a situação já se fez concreta, se estabilizou demais". Meu medo era o de que o caso demorasse ainda mais a ser definido e, ao cabo, os conselheiros chegassem à seguinte conclusão: "Senivaldo já ficou tempo demais fora do cargo e, devolvê-lo, agora, vai gerar um passivo monumental para o tribunal pagar, vai gerar problemas de vitaliciamento, vai ser tão difícil reintegrá-lo que é melhor deixar a situação como está. Ele é um jovem inteligente, ele passa em outro concurso".

Eu via um caso bom, bem construído, bem montado, um bom direito, se enfraquecer pelo tempo. Houve esse momento de dúvida. Não foi só uma condução repleta de energia, de entusiasmo, de esperança, de crença na justiça. Meu colega, Rodrigo, me ajudava a pensar saídas, enquanto tentávamos mobilizar pessoas em torno de nossa causa. Quem poderia dar uma palavra? Quem escreveria um parecer? Quais as forças que ainda poderíamos reunir em torno de nosso caso?

E, então, a pauta da CCJ do Senado se destrava e sete conselheiros são sabatinados e aprovados para compor o CNJ no dia 30 de novembro de 2021. E se reacende a nossa esperança. Na mesma sessão, ainda foram sabatinados e aprovados um indicado para integrar o Conselho Nacional do Ministério Público (CNMP) e o nome da hoje ministra do Tribunal Superior do Trabalho Morgana de Almeida Richa. Ali ainda não sabíamos que dentre os sete nomes aprovados para compor o plenário que nos aguardava, um teria papel fundamental para a construção da justiça no caso de Senivaldo: o ministro Luiz Philippe Vieira de Mello Filho, do TST.

"Eles têm esse direito?"

"Que direito eles têm de fazer isso com os nossos sonhos?". A pergunta da Luana quase me derruba. Eu vinha me fazendo de forte nos dias que antecederam o julgamento do PAD e, principalmente, nos dias seguintes ao dia da minha demissão. A vontade de chorar vinha com frequência, mas eu engolia seco. Luana estava grávida de oito meses da Liz, minha pequena que chegou para, com Enzo, me fazer perceber que nada é grande perto do maior presente que Deus pode nos conceder: a responsabilidade de cuidar, de criar, de ensinar. De qualquer forma, a insegurança nos rondava naqueles tempos. E a pergunta de Luana não era uma questão qualquer, vinha carregada de história. Só nós dois sabemos de tudo que abrimos mão para que eu passasse no concurso da magistratura. Os sonhos eram, sim, nossos, porque sem Luana eu não teria conseguido. Mais do que isso: ela se dedicou tanto quanto eu para alcançarmos o nosso objetivo. Assim são as parcerias fechadas para a vida.

Foram cerca de 30 concursos até a aprovação. Todos os que são aprovados, tirando algumas exceções, os gênios, os prodígios, todos nós temos reprovações. Assim é a vida do concurseiro. Mas a vitória que se tem vale a pena. Não existe vitória sem batalha. Quando você vence, vai lembrar que as cicatrizes que se formaram com as quedas são as marcas da experiência que se transformam em maneiras de ajudar a sociedade a partir do cargo em que conseguiu chegar. A ideia é fazer a diferença.

Mas os sonhos, àquela altura, haviam sido interrompidos por um julgamento injusto. Jamais assisti à sessão administrativa em que fui demitido. Antes, porque sentia que me faria mal. Depois, porque não tenho motivos para remoer o passado, principalmente depois da minha plena reabilitação – primeiro pelo Conselho Nacional de Justiça e, depois, pelo Supremo Tribunal Federal.

Assisti a trechos do julgamento, que me chegavam por *WhatsApp* e aqueles que foram destacados pela imprensa, como o trecho em que um desembargador afirma: "Parece que é um candidato, que ingressou, inclusive, na magistratura, na primeira fase, com aquela nota menor dentro do sistema de cotas, que eu considero muito louvável". O sistema é louvável, mas... Há com frequência um "mas" quando as pessoas falam sobre políticas de ações afirmativas. "Mas eu não sei se ele atingiu aquele número, na primeira fase, exigido dos demais candidatos. O que tornaria, paradoxalmente, mais grave a conduta dele. Ou seja, ele estaria vendendo uma receita que não serve para noventa e tantos porcento das pessoas porque não atingiu aquele número, ao que consta", afirmou, no julgamento, o desembargador.

Nos cinco anos anteriores, o Tribunal de Justiça de São Paulo havia aplicado penalidades por infrações administrativas ou éticas a 37 magistrados: 27 juízes e dez juízas.

As penalidades foram de advertência ou de censura, com uma exceção. Apenas uma demissão: a minha. O desembargador anotou que o fato de eu ter entrado pelo sistema de cotas na primeira fase do concurso para a magistratura tornaria a minha conduta – apenas reproduzo aqui as suas palavras – "mais grave".

À pergunta da Luana, se somavam outras que eu fazia constantemente naquele período. O que ele quis, exatamente, dizer com isso? Aqueles que entram pelo sistema de cotas raciais nos concursos para a magistratura, se cometem uma infração, têm seus atos julgados com mais rigor? Porque eu sou "cotista" tenho de me portar de forma diferente, mais cuidadosa, do que juízes que não são "cotistas"? Eu pertenço a uma outra categoria de juiz? Um juiz cotista não pode dar aulas ou elaborar métodos de estudo porque é menor do que juízes que não integraram políticas públicas de ação afirmativa? Parte dessas perguntas foram respondidas pelo CNJ dois anos depois. Mas, naquela ocasião, eu não sabia se seriam ou não respondidas. Algumas delas seguem sem respostas até os dias de hoje.

O que eu soube da sessão me chegou por mensagens enviadas no primeiro e no segundo dia de julgamento, 28 de outubro de 2020, por meio do meu advogado. À medida que os votos eram proferidos, ele me informava por WhastApp sobre o andamento. Em José Bonifácio, no derradeiro dia, eu aguardava para fazer uma audiência enquanto recebia as mensagens. Também recebi trechos do julgamento, recortes da sessão, de amigos que destacaram o que acreditavam que eu deveria saber. Saulo Mega

Soares e Silva e Marcelo Andreotti, juízes e amigos – amigos antes de juízes – me mandaram várias mensagens nos dias que se sucederam à demissão. O incentivo deles foi algo que me ajudou muito a segurar as pontas. Não há dinheiro no mundo que valha mais do que bons amigos. No caso de Saulo, mais à frente isso ficará muito claro.

"Mas você não teve ao menos curiosidade?". Tive, claro. E tentei assistir às duas sessões de julgamento. Comecei várias vezes, pulei trechos, nunca terminei. Sinceramente, a sensação era a de que a decisão de me demitir estava tomada desde o primeiro escorregão. Essa forte sensação me veio ao ouvir o começo da explanação do desembargador que primeiro votou pela minha demissão, divergindo do relator, que recomendava censura.

Não irei, aqui, falar sobre os desembargadores de forma individual, nem os nomear. Este relato não tem a intenção de expor pessoas, mas, sim, jogar luz sobre um julgamento que revela um problema que é o de muitos outros julgamentos: o de punir a pessoa, e não os seus atos.

Antes de recomendar minha punição, um eminente magistrado sustentou que "ministrar aulas em cursos preparatórios caracteriza atividade docente típica e se encaixa no conceito de magistério autorizado pela norma constitucional". A definição do que é magistério, na concepção do desembargador, veio seguida da seguinte colocação: "A atividade que era desenvolvida pelo juiz Senivaldo mais se aproxima ao processo de *coaching*, identificado como o treinamento voltado à obtenção de sucesso em concursos públicos, independentemente de transmissão de conhecimento jurídico".

Com a devida vênia, por que as pessoas frequentam cursos preparatórios, senão para obter sucesso em concursos públicos? O que, objetivamente, diferencia o magistério em cursos preparatórios da atividade que eu desenvolvi – e que, importante sempre grifar, cessei assim que houve a manifestação do Tribunal. Ainda que, hoje, coloque em xeque essa definição um tanto subjetiva, à época não fiz qualquer questionamento. Simplesmente interrompi as atividades.

A norma em questão é o inciso I do parágrafo único do artigo 95 da Constituição Federal de 1988. Textualmente, fixa que aos juízes é vedado "exercer, ainda que em disponibilidade, outro cargo ou função, salvo uma de magistério". Não há consenso sobre o que é magistério na doutrina. Já se admitiu como atividade de magistério que respeita a norma constitucional o fato de um magistrado ministrar aulas em instituição da qual é sócio, desde que não administrador, por exemplo.

Mas, ainda que se admita que meu método de estudo não possa ser classificado como magistério, nada justifica algumas das falas que desembargadores proferiram naquele julgamento. Alguém que não soubesse qual o objeto da sessão, se assistisse a alguns trechos, sairia dali com a certeza de que eu havia cometido algo absolutamente reprovável, hediondo. E que não tenho um pingo de caráter. Parece exagero? O que disse a meu respeito um desembargador: "Tenho uma convicção absoluta de que esse nome ainda retornará num futuro, talvez não tão longo assim, para a análise deste colendo Órgão Especial. Eu acho que é absolutamente incompatível, um procedimento claramente intencional, doloso, desrespeitoso. É difícil imaginar uma situação tão grave a ensejar uma demissão".

Aliás, foi depois de ouvir esse trecho que desisti de tentar assistir a todo o julgamento.

É preciso se colocar no lugar do outro

Quando Senivaldo me contou que não assistiu ao julgamento que culminou com a sua demissão, eu disse a ele que fez muito bem. E mais não disse. Àquela altura, ainda fora do cargo, fragilizado, ouvir determinadas frases certamente lhe faria muito mal. Cheguei a essa conclusão porque as frases fizeram mal a mim, que não estava em julgamento. Levei cerca de sete horas para assistir às duas horas e trinta minutos que somaram as duas sessões de julgamento do caso: uma hora no dia 14 de outubro de 2020 e uma hora e meia no dia 28 de outubro, após pedido de vista feito por um dos magistrados.

Tomava notas das inconsistências, das colocações, ouvia atentamente, voltava para ouvir de novo. Foi uma experiência pesada sentir a dor do outro. Mas, necessária. No decorrer do meu estudo, senti que eu deveria mostrar ao CNJ que o Órgão Especial do Tribunal de Justiça de São Paulo não julgou os atos de Senivaldo, mas o próprio juiz, com base em impressões que, data venia, não correspondem, em absoluto, aos fatos. Voltei ao vídeo das sessões enquanto esperávamos a pauta do plenário. Buscava algo que pudesse ter me escapado.

Senivaldo foi acusado de deixar a jurisdição de lado para se dedicar a uma atividade empresarial. Contra essa impressão, causada por ele ter empenhado parte de seu tempo no magistério, havia números e prova oral. Primeiro, os números mostravam que nas varas pelas quais passou, sempre deixou o serviço em dia. Esse é um fato objetivo e verificável, que foi relegado pelos desembargadores. A prova oral, colhida a partir de depoimentos de advogados, promotores, servidores, atestava que o juiz era assíduo na vara e tinha postura de absoluta dedicação. Para dar apenas um exemplo de outro fato objetivo e verificável, sempre que teve designações mais longas, como a substituição de colegas em cargos vagos por aposentadoria, férias ou licenças mais longas, Senivaldo optou por se mudar para a comarca de trabalho. Isso porque entendia que o tempo gasto em deslocamento era menos tempo dedicado à jurisdição.

Mesmo diante disso, houve um vaticínio: "Esse nome ainda retornará num futuro, talvez não tão longo assim, para a análise deste colendo Órgão Especial". O único antídoto para que não retornasse era a demissão. "O roteiro de Minority Report aplicado na prática", pensei. E foi ali, neste momento, enquanto assistia às sessões de julgamento do Órgão Especial do Tribunal de Justiça de São Paulo pela segunda vez, que senti um estalo. Pausei o vídeo no computador. Sentia uma mistura de sentimentos, que passou da dor de perceber um pré-julgamento descabido para uma esperança incontida.

Afinal, há uma razão para alguém, algum dia, ter criado esse mito a que se deu o nome de Justiça. Há uma razão! A atividade cotidiana da advocacia convida o advogado a imaginar que, na verdade, a Justiça é só um departamento do Estado, burocrático, grande, dispendioso, que vai maltratá-lo para, ao final, negar o seu pedido – por mais justo que ele seja. Ou ainda que irá atender a seu desejo, a sua súplica, ainda que ele faça pedidos em que o direito não seja assim tão certo. Um departamento que funciona mal. Somos permanentemente convidados, na advocacia diária, a esquecer as razões pelas quais fizemos o curso de Direito, a esquecer o que nos animava quando éramos adolescentes e tivemos de escolher uma faculdade. O dia a dia apaga da memória os motivos pelos quais líamos os livros do John Grisham, as razões pelas quais assistíamos a filmes clássicos de júri. O tempo vai nos engolindo e pode nos transformar facilmente em meros burocratas.

São casos como os de Senivaldo que nos resgatam desse destino sombrio. Por paradoxo que possa parecer, ouvir aquele julgamento renovou minhas esperanças e me fez lembrar que há uma razão para que exista a Justiça – é para corrigir injustiças como aquelas, no caso, praticadas pela própria Justiça. Tive essa espécie de epifania ali, enquanto ouvia aquela profecia triste sobre qual seria o futuro daquele jovem juiz. Pode ser que não seja todo dia, não seja a toda hora, não seja em todo caso, mas a Justiça tem de se fazer presente em determinados casos, naqueles que têm potencial de alimentar toda uma nova geração pelo ideal de Justiça. Eu estava diante de um desses casos.

Desliguei o computador com um sentimento diferente e segui estudando as alternativas, as possibilidades concretas para conseguir devolver a Senivaldo seu sentido de ser, quando pensei em um nome para conversar sobre o caso: o do professor Lenio Streck.

Amor, tô morrendo!

Meu braço esquerdo começou a formigar levemente. Abri e fechei a mão seguidas vezes, dei leves tapinhas no antebraço, com a mão direita. O formigamento aumentou rápido. Num espaço de tempo de menos de dois minutos, o braço esquerdo, da mão à base do ombro, era um formigueiro. “Saulo, meu braço começou a formigar muito. Tá estranho isso”.

Conectado ao bluetooth do carro, eu dirigia pela Rodovia Washington Luiz enquanto conversava com o Saulo. Fazia três semanas que havia sido demitido e tentava levar a vida normalmente, como se fosse voltar a qualquer momento ao cargo, apesar de nutrir cada vez menos esperanças de que isso fosse acontecer. Saulo me ligava religiosamente todos os dias. Passamos no mesmo concurso, ficamos amigos enquanto fazíamos as provas. Passamos a nos falar com alguma frequência. Mas, desde o dia em que foi instaurado o processo administrativo disciplinar contra mim, creio que ele não tenha falhado um dia sequer. Me ligava todos os dias. Um amigo, na mais completa acepção da palavra.

“Cara, piorou, acho que é infarto”, disse. “Para de brincadeira idiota, Senivaldo. Fala sério!”, respondeu

Saulo. Eu não estava brincando. Do braço, o formigamento avançou para o ombro, subiu pelo pescoço, meu rosto formigava. Muito! O formigamento desceu para o tronco, inundou meu corpo e chegou às pernas. Meu corpo todo formigava. Parei o carro. Desliguei o telefone na cara do Saulo e liguei para a Luana. "Amor, acho que tô morrendo". Hoje, quando penso no que fiz, me recrimino bastante. Faltava uma semana para o nascimento da Liz. Luana estava prestes a dar à luz a nossa pequena. Além de toda a pressão de um parto próximo, dos incômodos que acompanham o final da gestação de toda mulher e as dúvidas sobre o futuro que nos assaltavam, joguei em cima dela uma frase de uma tonelada. Assim, sem qualquer aviso prévio. Eu estava com medo.

Não lembro o que Luana respondeu, porque meu cérebro já tinha se transformado naquele inimigo que sai a calcular todas as possibilidades de você se dar mal. Lembrei que havia feito um check-up recente com vários exames cardíacos, com doppler e tudo. O coração estava ótimo. O cérebro, então: "Ih, é um AVC. Vou ficar paralisado do lado esquerdo". Desliguei o telefone sem saber direito o que disse para a Luana e liguei para o meu pai: "Pai, ora por mim, porque eu vou morrer". Segundos que a mim pareceram uma eternidade se passaram, e meu pai respondeu: "Mas deixe de besteira, o que tá acontecendo, Senivaldo?". Expliquei, quase que balbuciando, que formigava por inteiro. Meu pai dizia para eu ligar para o hospital, Luana e Saulo ligavam um atrás do outro.

Respirei fundo, atendi a Luana que, calma, me acalmou e orientou. Eu estava a 15 minutos de distância de casa. Respirei fundo, recobrei os sentidos e guiei até lá. Enquanto isso, ela ligava 192 e acionava o SAMU (Serviço Móvel de Atendimento de Urgência). Consegui chegar. Os paramédicos fizeram uma série de perguntas: O que está sentido? Onde você está? Quantos anos tem? Em que ano estamos? Eu respondi a tudo enquanto era colocado na maca que me conduziu até a ambulância. Lá, desatei a chorar aos soluços. À tensão da situação se somou uma imensa culpa por fazer Luana passar por essa situação a uma semana de dar à luz a nossa bebê. "Chora, pode chorar, que é bom, rapaz", disse o paramédico.

Diagnóstico: uma brutal crise de ansiedade. Prescrição: calmante, que me aplicaram na veia, recomendação de repouso e assistência psicológica. Toda a angústia acumulada ao longo de um ano, desde a notificação para a defesa prévia, cobrava seu preço na forma de um ataque de pânico. Depois, ao pesquisar sobre o tema e conversar com meu psicólogo, vim saber que os sintomas que senti, o formigamento e, depois, a desorientação, são sinais característicos de crises agudas de ansiedade. O meu cardápio de batalhas a enfrentar ganhava mais um item: cuidados com a saúde mental.

"Foi buscar lã, voltou tosqueado"

Pensei em conversar com o professor Lenio Streck por dois motivos bastante objetivos. Primeiro, por ser seu leitor e acompanhar seu trabalho, percebo que injustiças, em regra, o revoltam. Tinha para mim que a minha revolta ao terminar de estudar a injustiça de que Senivaldo foi vítima encontraria no professor uma caixa de ressonância. Em segundo lugar, porque havia lido um comentário seu sobre o caso em alguma reportagem, creio que ainda nas primeiras notas e notícias que surgiram na imprensa e na mídia especializada.

Ele já conhecia o caso, como naqueles últimos dias de outubro, a maioria das pessoas que acompanham o noticiário, principalmente o jurídico. Quando narrei alguns poucos detalhes, de pronto ele se pôs à disposição e disse espontaneamente que faria um parecer *pro bono* sobre o caso. Eu era só entusiasmo com aquela conversa, porque percebi que o professor ficou, de fato, enternecido com meu relato.

Lenio me contou que, em parte dos 28 anos em que ocupou o cargo de promotor e procurador de Justiça do Ministério Público do Rio Grande do Sul, presenciou, por vezes, injustiças que foram revertidas pelo Órgão Especial do Colégio de Procuradores, que ele compôs durante alguns anos de sua carreira. Mas nada parecido com aquilo. O que chamou a atenção do professor foi o fato de que Senivaldo, por e-mail, informou à Corregedoria o exercício de uma atividade, até segunda ordem, plenamente lícita, pois de docência, e pediu orientação. E, a partir daí, desencadeou-se uma reação que, pouco mais de um ano depois, terminou com sua demissão.

Em suas palavras, "foi buscar lã, e voltou tosquiado". Ou, ainda segundo a cirúrgica definição do professor Lenio, o Tribunal de Justiça de São Paulo terminou por transformar "uma pequena coceira em uma gangrena". As metáforas eram mesmo adequadas. Uma delas ele fez constar no parecer. Eis um trecho bastante elucidativo:

"No caso sob exame, o juiz Senivaldo imbuído de absoluta boa-fé – e aqui me permito uma alegoria exsurgente do folclore –, foi 'buscar lã e voltou tosquiado'. Explico: não existisse o e-mail em tela, nada teria acontecido. Tirando o e-mail da cadeia de 'custódia' da prova administrativa, sequer haveria PAD. Sendo essa afirmação verdadeira – e nada existe no processo que a desminta –, então há de se focar no modo pelo qual essa prova *mater* se formou. Simples: o juiz solicitante se transformou em demandado (e demitido) pela inversão do próprio princípio constitucional que garante que ninguém é obrigado a produzir prova contra si (art. 5º. LXIII). Observe-se: trata-se da garantia da não auto incriminação (*Nemo tenetur se detegere* ou *Nemo tenetur se ipsum accusare* ou *Nemo tenetur se ipsum prodere*), que quer dizer que ninguém é obrigado a se auto incriminar ou a produzir prova contra si mesmo (nem o suspeito ou indiciado, nem o acusado, nem a testemunha etc.). Além de estar inserida em nossa Constituição, está contida no artigo 14.3, item g, do PIDCP, assim como no artigo 8°, 2, item g, da CADH. Para deixar bem claro: nem o suspeito, indiciado, acusado ou testemunha. O juiz Senivaldo, ao que consta, não se enquadra em nenhum desses qualificativos. Ao contrário: era um juiz fazendo uma consulta".[20]

Bingo! Era um juiz fazendo uma consulta. E que acabou fazendo contra si uma "prova" na mais absoluta boa-fé. Ainda antes de receber o parecer, na nossa segunda conversa, o professor falou sobre como iria reforçar a cristalina nulidade do procedimento. Nos alongamos um pouco sobre esse ponto. Para o professor, se houvesse um lugar onde garantias jamais poderiam ser ignoradas, esse lugar é um tribunal. Garantias não são filigranas e nos assombrava o fato de que todas as alegações formais que se fizeram no curso do PAD foram descartadas sem qualquer exame mais acurado.

Tribunais e suas corregedorias têm, também, o papel de aconselhamento entre suas funções, mormente quando se trata de uma consulta de juízes em período probatório, antes de seu vitaliciamento. É inadmissível que haja o fator surpresa para punir um magistrado dessa forma, falou. E ali houve surpresa. Senivaldo produzia contra si prova sem fazer a menor ideia de que a estava produzindo. O professor ainda me questionou sobre quantos

20 Disponível em: https://www.conjur.com.br/dl/parece-pro-bono-lenio.pdf

juízes tinham sido demitidos nos últimos anos ou ao menos punidos por motivos semelhantes aos de Senivaldo. Minha resposta: nenhum. "É, em um país como o Brasil, nós podemos medir a discriminação racial, de gênero, de origem, seja qual for, de forma estatística", me disse ao telefone o professor.

Conversamos, então, sobre a necessidade de um rito para o devido processo legal administrativo. De acordo com a visão do professor, será necessário que um dia o Conselho Nacional de Justiça se debruce mais detidamente sobre as funções da Corregedoria e suas atribuições porque, por uma questão cultural, por um senso comum que se formou, elas têm função absolutamente inquisitiva.

Com a palavra, mais uma vez, o professor Lenio:

"Graças a esse mau costume, quando alguém aponta a desobediência a determinadas garantias em processos administrativos, as corregedorias não dão a essas alegações a devida importância. Como se garantias valessem apenas no âmbito judicial, e não administrativo. Essa é a realidade prática. Mas o processo administrativo é um procedimento que pode culminar em consequências gravíssimas. Embora a Constituição diga que no processo administrativo também há o direito à ampla defesa, nós sabemos que isso foi bastante mitigado pelo tempo e pelos costumes".

Na concepção do professor Lenio Streck, essa é uma questão séria, muito difícil, e que deve ser enfrentada com alguma urgência. Porque esse Direito Administrativo é sancionador, como o Direito Penal, e é preciso entender isso de forma plena. Porque se o sujeito perder o seu cargo por uma decisão de demissão, ele não apenas perdeu o seu ganha pão, mas ganhou uma mácula que irá carregar por toda a vida: a de ter sido demitido do serviço público. Mais ainda se revela a necessidade de um devido processo legal administrativo.

"O que é, afinal, o Direito Administrativo hoje em termos de defesa de funcionários públicos, juízes e outros agentes? Um apanhado de várias regras. Cada tribunal tem seus regimentos internos. Essa é uma questão urgente em uma reforma, ter de fato um código de direito administrativo nesse sentido. O que temos hoje é um conjunto de súmulas, de resoluções, de regimentos internos, de leis, todas esparsas e algumas contraditórias entre si. Se você pedir efetivamente para alguém explicar, em 15 minutos, como funciona o devido processo legal administrativo, ele apontará precedentes vários que revelarão tratamentos distintos, decisões diferentes sobre temas idênticos. Isso é uma questão muito séria, muito grave. O caso do juiz Senivaldo é emblemático, um verdadeiro *case* para ser estudado para outros casos que acontecem pelo Brasil".

As conversas foram muito instrutivas e seu parecer cumpriu um papel fundamental no conjunto de argumentações que eu fui desenhando ao longo do caso. O conjunto de analogias inscrito no documento nos estampava à frente dos olhos o absurdo. "Imagine-se se um partido político faz uma consulta ao TSE e, este, de ofício, abra um processo de cassação da sigla? Imagine-se se uma empresa faz uma consulta à Receita Federal – o que é permitido – e, com base na consulta, a Receita abra uma investigação sustentada no teor da consulta? Não seria um comportamento contraditório por parte do TSE e da Receita?".

Apesar de o CNJ, ao final, não ter se debruçado sobre a questão prejudicial de todo o PAD apontada pelo jurista, ela somou musculatura aos nossos pontos, vários, múltiplos, que revelavam quão ampla havia sido a injustiça que, até ali, havia podado o sonho de vida de um jovem magistrado.

Foco, força e fé

Percebi, depois da minha crise de ansiedade, o tamanho da necessidade de desmitificar determinados assuntos. De falar com desassombro e de forma natural sobre a relevância de tratamentos psicológicos ou mesmo psiquiátricos para a saúde mental e, por consequência, para o bem-estar do ser humano. As incertezas que se acumulavam sobre o meu futuro me levaram ao limite. O corpo falou, e falou por conta do *stress* emocional.

Ficou claro para mim que existe uma tríade que me mantém em pé. Foco nos meus objetivos. Força de vontade de atingi-los. E minha fé em Deus, algo que trago do berço. Meu tratamento psicológico foi essencial para que eu pudesse colocar a cabeça no lugar e olhar os problemas com o foco correto, sem subestimá-los nem os superestimar. Mas sei que sem fé talvez não tivesse obtido os resultados que obtive.

Meu pai e minha mãe são pastores da Assembleia de Deus. Eu fui criado na igreja. A ideia de que Deus tem um propósito para todos nós e que é essencialmente bom me acompanhou durante todo o desenvolvimento humano. Mas vida é luta e as coisas não nos chegam de graça. Deus tem um propósito, mas você tem de conquistá-lo.

Orar é importante, trabalhar é importante, ter organização é importante. Uma coisa complementa a outra e fazer sacrifícios é, em nossa crença, algo que importa. "Ore, mas faça por onde", costuma dizer meu pai. Foi esse mantra que, após me reerguer, segui. E a família seguiu junto.

Acordávamos todos os dias para orar juntos. Nosso grupo de orações era formado por 12 pessoas. Além de mim e da Luana, meu pai Senivaldo, minha mãe Abigail, meu irmão Álvaro, minha irmã Abikeylla, minha cunhada Thallia, meu tio Abimael e sua esposa (Marisa), minha tia Abnéia, meu avô materno Edésio e minha avó materna Maria. Todos os dias, às três da manhã. Como já escrevi, orar é preciso, mas correr atrás também. Logo, por conta de compromissos, em alguns dias nosso grupo não estava completo. Mas sempre havia quórum. Em todos os momentos pude contar com a família.

Mas nem tudo são flores, mesmo em um grupo de orações. Em regra, meu pai e minha mãe comandavam as orações. São Pastores, têm o dom da palavra. Sabem bem por onde ir. Nos primeiros encontros, decidiu-se que leríamos o Livro de Jó. Por que os justos sofrem? O Livro de Jó é um dos mais poéticos do Antigo Testamento. Composto por 42 capítulos, narra as provações e privações de um homem que permaneceu fiel mesmo diante das mais duras intempéries. Homem de uma fé inabalável.

Não sou Jó. Quando terminamos seu livro e minha mãe decidiu que nossas orações seguiriam os Salmos, que são 150, minha fé se abalou. De certa forma estávamos confiantes que teríamos a liminar ou um julgamento mais célere. Não foi o que aconteceu. O Livro de Jó terminou, começamos os Salmos e eu me dei conta de que o processo poderia durar muito mais do que eu esperava. Depois das orações, a voz de meu pai seguia ecoando na minha cabeça: "Ore, mas faça por onde".

A luta sempre continua

No atletismo, a preparação física dos atletas de uma modalidade para outra é completamente diferente. Nas provas de corridas, por exemplo, isso fica absolutamente claro. A corrida de 100 metros rasos é uma prova de velocidade, sinônimo de explosão, quase não há espaço para erros. O mais insignificante desvio pode comprometer o resultado. Percorre-se uma curta distância no menor tempo possível. O oposto da prova de 100 metros rasos é a maratona. A mais tradicional prova dos Jogos Olímpicos é também a mais longa do atletismo. São 42 quilômetros e 195 metros da linha de largada até a fita de chegada. Ao contrário das provas de explosão, é sinônimo de resistência, planejamento, persistência. Cada prova demanda um tipo de preparo físico e metal.

No cotidiano da advocacia, é preciso estar preparado para, muitas vezes, fazer maratonas à velocidade de 100 metros rasos. Mas não só isso. Não são raras as ocasiões em que o advogado se prepara – e prepara o seu cliente – para correr uma prova de 100 metros rasos e, perto da linha de chegada, percebe que a prova se transformou em uma maratona. Com uma diferença: pode ser que a corrida não termine após a marca dos 42,195 quilômetros.

Isso é um fato. Acontece todos os dias em milhares de ações judiciais e administrativas nos fóruns, tribunais e repartições públicas do País. O advogado assimilar isso é algo complexo. Explicar isso para o cliente, muitas vezes, é terrível. É fundamental exercer a perseverança e a esperança. Mas, sobretudo, exercitar a resistência e crer nas instituições. Da dor, desde que corretamente tratada, pode florescer um campo fértil de esperança, generosidade e acolhimento. É esse poder de transformar dor e contratempos em mola propulsora que a história costuma recompensar. E é ela que nos mostra que vale a pena e que é possível resistir.

Do lado de fora do Plenário da Corte Constitucional da África do Sul há um painel com luzes vermelhas trazendo uma mensagem em língua portuguesa. Diz: "A luta continua". Inspirada no mote de busca por independência em Moçambique, a expressão rememora ao Tribunal que não há descanso na jornada por direitos. Quando um ciclo se encerra, outro se inicia. E é preciso estar sempre alerta para reconhecer o início e o fim desses ciclos.

Nos preparamos para uma corrida de 100 metros – e efetivamente acreditávamos que seria uma corrida de explosão. No meio do percurso, percebemos estar em uma maratona. Nossa única alternativa era nos adaptarmos. E seguir em frente. Na luta pela realização da promessa constitucional de "igualdade e justiça" como "valores supremos de uma sociedade fraterna, pluralista e sem preconceitos", não há tempo para descanso. A luta sempre continua.

Fé e força, mas cadê o foco?

O recurso ao CNJ estava parado. Apesar da minha contrariedade aparente, intimamente eu sabia que Saul estava com a razão. Sucessivos pedidos e sucessivas negativas enfraqueceriam o caso. Mas eu precisava de algo a que me apegar além das orações em família às três da manhã. “Por que às três da manhã”, me perguntou certa vez um amigo. “Porque se for às oito não há sacrifício”, respondi. É preciso haver sacrifício.

Havia fé e força, mas me faltava o foco. Voltei aos estudos. Sempre tive mais facilidade de encontrar foco nos estudos. E sempre muito cedo. Assim, passei a complementar as orações com os estudos para outros concursos públicos. Após as orações, por volta das quatro da manhã, todos os dias, me sentava no escritório para estudar. Não gosto de café, por isso ia acompanhado de água e do energético diário. Todos os dias, com exceção de domingo. Algo que aprendi logo é que descansar a cabeça faz parte do cronograma de estudos.

Fiz isso com regularidade a partir de fevereiro de 2021, quatro meses após a minha demissão. Quase quatro horas diárias. Começava sempre às quatro horas e estudava ininterruptamente até sete e meia ou oito, a depender do horário em que acordavam Enzo e Liz. Aí interrompia os estudos e ia cuidar da família.

Retomei os tempos de concurseiro e refiz o cronograma de estudos. Segunda-feira, Direito Civil e Processo Civil. Terça-feira, Direito Penal e Processo Penal. Quarta-feira, Direito Constitucional e Direito do Consumidor. Quinta-feira, Direito Empresarial e Direito Ambiental. Sexta-feira, Direito Tributário e Administrativo. Aos sábados, estudava Direito da Criança e do Adolescente e Direito Eleitoral. Sem cronograma definido, é impossível. Não que não seja possível variar um pouco, mas sempre dentro de um planejamento bem definido.

Este era o cronograma era o de estudos para a primeira fase. Eu dividia o conteúdo de cada matéria da seguinte forma. Primeiro, a letra da lei. É fundamental conhecer a lei na íntegra. Depois, voltava meu foco para os dispositivos mais cobrados, de acordo com as tabelas que eu mesmo desenvolvi. Detalhes são importantes. Há cobrança de conhecimento de prazos, várias questões com "e/ou" e algumas pegadinhas. Por isso, é essencial conhecer de fato a lei. Metade do tempo era, portanto, estudo das normas. A metade seguinte, me dedicava a resolver questões de concurso anteriores. E assim por diante. Primeiro, a lei. Depois, as questões. Sempre com foco nos artigos mais cobrados em concursos anteriores, de olho nas minhas tabelas.

Os dias não são iguais. E isso é algo que todo concurseiro tem de ter em mente. Como em tudo na vida, seu desempenho estará diferente em alguns dias. Por isso, quando eu me sentia cansado ou quando a angústia por conta da indefinição do processo no Conselho Nacional de Justiça me visitava, eu me propunha a resolver questões em plataformas de concurseiros para entender os motivos de erros cometidos por colegas. Fazia o que chamamos de estudo reverso: primeiro estuda a questão e, depois, o conteúdo. De tarde separava ao menos uma hora para estudar os informativos dos tribunais, principalmente os do Superior Tribunal de Justiça e o do Supremo Tribunal Federal. Os informativos trazem como conteúdo as principais decisões tomadas pelos tribunais. Isso é algo que todo juiz deve saber.

Essa rotina me devolveu ao prumo e comecei a olhar os editais de concursos. Para a magistratura estadual, havia editais abertos no Paraná, em Goiás e no Rio Grande do Sul. Para a magistratura federal, na Terceira Região, que tem jurisdição sobre os estados de São Paulo e Mato Grosso do Sul. Na primeira fase, passei nos três concursos estaduais. Não fiz o da Justiça Federal porque a primeira prova foi após o meu retorno à magistratura paulista.

Passei em todas as fases do concurso para a magistratura gaúcha. Reprovei na segunda fase do concurso para juiz de Direito em Goiás. Mas tenho a minha justificativa, que serve de exemplo para quem está estudando para concursos públicos. Goiás é a minha casa. É onde, hoje, moram meus pais. Gosto muito de São Paulo e já me habituei ao interior paulista. Mas estar perto dos pais era um incentivo. Logo, me dediquei. Mas não obtive êxito. Por quê?

No dia anterior ao início das provas da segunda fase, uma quinta-feira, eu fazia algo que todo candidato faz quando chega à cidade para o concurso: ir do local onde está hospedado até o local da prova, fazer o percurso, para saber quanto tempo é gasto no trajeto, para evitar quaisquer atrasos. Quando estava saindo do hotel em Goiânia, recebi, por *WhastApp*, no grupo dos aprovados do concurso do Rio Grande do Sul, a notícia de que uma pessoa havia sido vetada na inscrição definitiva. Um arrepio me percorreu a espinha. Gelei! Algo me dizia que era eu e, ao consultar o edital, que repassei dezenas de vezes para encontrar meu nome, o medo se confirmou. Inscrição definitiva indeferida.

Eu tinha uma bateria de testes para a magistratura de Goiás. Provas na sexta, no sábado e no domingo. E somente saberia o motivo da não aceitação da minha inscrição definitiva na segunda-feira. Liguei para vários amigos. Todos se revoltaram, mas o que mais indignado ficou foi meu advogado, Saul. Sua revolta me fez perceber, ali, que havíamos nos transformado: a relação cliente-advogado deu lugar a uma real amizade.

Liguei para o meu pai, com um leque de lamentações. Então, ouvi: "Júnior, vai resolver você ficar chorando agora? A essa altura da vida? Você só vai ter vista da decisão na segunda-feira, certo? Tá em Goiânia no final de semana para fazer as provas, não é? Então, faz as provas e segunda-feira você pensa no Rio Grande do Sul".

Em regra, o pragmatismo e a força do meu pai me socorrem. Ali, não foram o bastante para que eu recuperasse o foco. O fato é que a notícia afetou decisivamente o meu desempenho e, claro, reprovei na segunda fase do concurso para a magistratura goiana. Depois, soube que meu pai desligava o telefone e chorava. Tinha de se manter forte, mas sentia a minha dor.

Na segunda, descobri que meus conhecimentos foram suficientes para que eu fosse julgado adequado para compor as fileiras da magistratura gaúcha. Passei em todas as fases. Mas a inscrição definitiva foi indeferida porque entenderam "razoável se inferir que ele pretenda continuar com a sua conduta". Na prática, me demitiram novamente sem sequer me admitir.

Já haviam tomado o meu passado, porque me vi impedido de retornar para o Tribunal de Contas goiano. O presente, esse também já havia sido tomado com a demissão da magistratura paulista. Agora, a situação era ainda mais grave: eles tomaram o meu futuro.

Afinal, a demissão se tratava de uma pena perpétua? Não importaria quantas vezes eu fosse aprovado em outros concursos, seria sempre barrado pela pena injusta que me foi aplicada pelo Tribunal de Justiça de São Paulo? Acabava ali o sonho de ser juiz?

Conexão Lisboa

21 de abril de abril não é uma data qualquer. Em 21 de abril de 1792, o alferes Joaquim José da Silva Xavier foi enforcado, teve seu corpo esquartejado e espalhado pelas ruas, suas propriedades salgadas e seus bens confiscados. Na decisão que o condenou à morte, os juízes inscreveram: *"condenam ao réu Joaquim José da Silva Xavier, por alcunha o Tiradentes, alferes que foi da tropa paga da Capitania de Minas, a que, com baraço e pregão, seja conduzido pelas ruas públicas ao lugar da forca, e nela morra morte natural para sempre, e que depois de morto lhe seja cortada a cabeça e levada a Vila Rica, onde no lugar mais público será pregada em um poste alto, até que o tempo a consuma, e o seu corpo será dividido em quatro quartos, e pregados em postes, pelo caminho de Minas, no sítio da Varginha e das Cebolas, onde o réu teve as suas infames práticas, o os mais nos sítios de maiores povoações, até que o tempo também os consuma, declaram o réu infame, e seus filhos e netos tendo-os, e os seus bens aplicam para o Fisco e a Câmara Real, e a casa em que vivia em Vila Rica será arrasada e salgada, para que nunca mais no chão se edifique, e não sendo própria será avaliada e paga a seu dono pelos bens confiscados, e no mesmo chão se levantará um padrão pelo qual se conserve em memória a infâmia deste abominável réu".*

Em 21 de abril de 1960, Juscelino Kubitschek inaugurava a nova capital da República, Brasília, no Planalto Central, em meio ao cerrado brasileiro. O Museu da Cidade, localizado no meio da Praça dos Três Poderes, traz inscrito em sua fachada-monumento a frase que, diz-se, veio à cabeça de JK quando ele visitou pela primeira vez o local onde seria erguida a nova capital. "*Deste Planalto Central, desta solidão que em breve se transformará em cérebro das altas decisões nacionais, lanço os olhos mais uma vez sobre o amanhã do meu país e antevejo esta alvorada com fé inquebrantável em seu grande destino*".

Quis justamente o destino que eu dividisse meu aniversário com a lembrança da injusta execução de Tiradentes e do nascimento de Brasília. Nasci em 21 de abril de 1982, em Teresina, Piauí, 190 anos depois da execução do alferes e 22 anos depois da inauguração da nova capital brasileira. Quis também o destino que eu escolhesse Brasília como lar e, por conta da coincidência de datas, estudasse com muita curiosidade e interesse o julgamento de Tiradentes.

Estava em Lisboa para comemorar os meus 40 anos de vida, quatro dias antes do aniversário. Hotel pago, passeios turísticos agendados, viagens dentro do país agendadas, tudo programado. Então, meu *WhatsApp* apitou com a seguinte mensagem: "Saul, o processo do Dr. Senivaldo foi pautado para a próxima terça". Pensei em Tiradentes, no feriado, quis estar em Brasília, olhei para a cidade de onde partiram os navios para aportar em Porto Seguro mais de 500 anos antes e pensei: "Preciso voltar".

Chegara há um dia à capital portuguesa com minha companheira de vida, Rebeca, e minha mãe, Tereza Cristina, para dez dias de passeios, boa comida e reflexão, o mais distante possível de obrigações profissionais. São raros os momentos em que me permito desligar, e aquele era um destes momentos. Mas o caso não era do Dr. Senivaldo. Era nosso! O nosso caso. Olhei para Rebeca, para minha mãe, li a mensagem e, imediatamente, começamos a pensar nos cancelamentos e providências para voltar ao Brasil.

Montou-se uma operação de guerra para conseguir um voo de volta, reembolsos e saber o que era possível cancelar ou reagendar sem data definida. Enquanto isso, conversava com a equipe do escritório. Surgiu da própria equipe a ideia de fazer a sustentação oral à distância, por via remota. Depois de enfrentar uma pandemia de dois anos, as sustentações remotas haviam se tornado comuns. Mas eu temia que o impacto do que teria a dizer não fosse o mesmo. Pensava no meu aniversário e no destino de ter a possibilidade de reparar uma injustiça na capital da República às vésperas de uma data tão significativa, nacionalmente e pessoalmente.

Concordei em tentar fazer a sustentação oral à distância. Sessão híbrida. Os conselheiros no plenário e eu remotamente. Não era o que eu queria, porque creio que quando um advogado fala da tribuna fisicamente, presencialmente, a força é outra. Mas pensei comigo que seria a melhor saída. Preferiria estar descansado e ter estudado muito o caso do que chegar ao Brasil às pressas, esbaforido, e talvez não ter o desempenho esperado. E havia também um elemento nessa equação que era preciso levar em conta. Aquela era a segunda vez que o caso era pautado. Da primeira vez, eu estava no plenário, sustentação passada e repassada na cabeça e com os colegas, a pauta extensa do CNJ fez o dia voar e o processo não foi chamado. "Vamos de sustentação remota!"

Rebeca e minha mãe foram passear e eu me tranquei no quarto do hotel, na tarde de segunda-feira. Demorei um pouco para me adequar ali. Não estava em um ambiente jurídico, não era minha sala de trabalho. Então, telefonei para o Senivaldo. "Amigo, estou aqui me preparando para a sustentação de amanhã e repassando anotações. Seu pai me envia áudios de motivação, de bons votos, e sempre me cumprimenta com "a paz do senhor". Por quê?".

"Porque meu pai é pastor. Todos nós somos evangélicos".

Anotei: "Pai, pastor. Evangélicos".

"Amigo, passado esse tempo, as liminares negadas, você de volta aos estudos, se você tivesse de explicar de bate-pronto o motivo pelo qual houve uma injustiça em seu caso, além do comentário sobre as cotas feito por um desembargador, como você explicaria?"

"Saul, em um outro processo que foi julgado em São Paulo, com a mesma acusação de que os juízes eram *coachs*, todos foram absolvidos".

"Algum cotista?"

"Não!"

"Algum jovem jurista negro?"

"Não".

"Senivaldo, tem CER TE ZA???".

"Eu tenho CER TE ZA A B SO LU TA".

Ali eu comecei a mudar a sustentação oral. Com as anotações, repassei minha fala, meus pontos, fiz novas pesquisas e incluí novos argumentos. Mas não só argumentos. Com imagens da sessão do Órgão Especial que demitiu Senivaldo passando como em flashes pela minha cabeça, e a informação sobre a fé de sua família, busquei pela memória uma frase bíblica de Mateus, Capítulo 12, Versículo 34. "A boca fala do que o coração está cheio".

Fé importa. Respeito todas as crenças. Da Igreja Católica, tenho todos os sacramentos, até batizado no Rio Jordão, em Israel, fui. E, ali, busquei na crença de meu cliente e amigo um argumento. Preparei minha segunda sustentação oral, com mais apelo do que a primeira. Antevéspera de aniversário, cinco horas de fuso horário adiantado, assisto à toda sessão no hotel, envergando terno e gravata – jamais deixo de levar em toda e qualquer viagem ao menos um conjunto social para emergências – e nada de o caso ser chamado.

Voltei ao passeio no dia seguinte, depois de receber uma ligação do pai de Senivaldo, que me disse: "Dr. Saul, todos estamos ansiosos. Não há dúvida. Todos queremos que esse processo acabe, que se julgue logo. Mas não era para ser assim. Sua sustentação oral tem de ser presencial".

Banido da magistratura

Em abril de 2022, o Conselho da Magistratura do Tribunal de Justiça do Rio Grande do Sul, por unanimidade, rejeitou meu recurso contra a decisão de barrar a minha inscrição definitiva no concurso para juiz de Direito daquele estado. A decisão foi publicada no dia 7 de abril, aniversário de 52 anos de Abigail da Silva Borges Reis, minha mãe. Os últimos aniversários não haviam sido comemorados como de costume. Nós gostamos de celebrar a vida. Mas a vida em família estava em suspenso, nas mãos do CNJ. Ainda assim, não quis estragar a data. Só falei com eles no final de semana, dias depois.

Em resumo, o Tribunal de Justiça do Rio Grande do Sul entendeu que o meu recurso contra a decisão do TJ paulista, que havia me demitido, era a prova de que eu não me conformava com a decisão e seguiria praticando "os mesmos atos" na magistratura gaúcha. Se o fato de eu fazer uma consulta ao TJ paulista havia causado a minha demissão, o fato de eu recorrer em busca de um Direito, usando os canais adequados e de forma legítima e civilizada, foi usado como prova de que eu iria "delinquir" para sempre. Ainda que de delinquência não se tratasse, mas de docência.

Mais uma vez, o sonho se transformava em pesadelo.

Sonho. Em 2021, circulou em grupos de *WhatsApp* nos quais eu estava que um concurso de 2015 para a magistratura gaúcha fora anulado pelo Superior Tribunal de Justiça, por ausência de espelho para a correção de provas. Eu e alguns colegas impetramos Mandado de Segurança e conseguimos autorização para fazer as provas de sentenças. Com o Mandado de Segurança concedido, o TJ gaúcho convocou todos que prestaram aquelas provas anteriormente. Quase um ano sem salário, tomo dinheiro emprestado de alguns amigos, entre eles o Saulo, meu tio Mael e o Bruno, e viajo a Porto Alegre em agosto daquele ano.

Aqui, abro parênteses para apresentar o Bruno Pereira Alves, sobre quem não falei antes. Uma grande amizade, que nasceu de um canal improvável e bem antes de eu tomar posse no cargo de juiz. Bruno era meu seguidor no Instagram e nossa história se conectou porque, como eu, ele é negro, de família humilde, evangélico e nutre o sonho de ser juiz. Não sei explicar, mas o leitor certamente conhece aquelas pessoas com quem você troca meia dúzia de palavras e já parece que conhece há anos. Foi mais ou menos assim com o Bruno.

Sonho. Sou aprovado na avaliação de sentença civil e na de sentença penal. Sigo estudando para a prova oral. Entrego toda a documentação exigida. Gastos pra lá, gastos pra cá. Empréstimos pra lá, empréstimos pra cá. Esses amigos bancaram praticamente todas as minhas despesas, sem pedir nada em troca além do compromisso de que eu passaria. Passei. Passei. E me mantenho focado para as provas orais.

Pesadelo. É quando vem a notícia da rejeição da minha inscrição. A Comissão de Concurso se reuniu em 27 de janeiro de 2022 e decidiu que um candidato demitido de outro tribunal, ainda que com recurso pendente de julgamento contra a demissão, não teria inscrição definitiva deferida. Na prática, se tratava de uma norma criada depois do edital e sem previsão legal – porque essa desclassificação não tem previsão em lei.

Pesadelo. Foram habilitados para as provas orais 92 candidatos. Eu não pude fazer as provas orais. Assim, restaram 91 candidatos. Houve 91 aprovados. Àquela altura, eu sequer tinha forças para escrever os recursos contra a injustiça.

Surge, então, outro personagem importante em minha história. Um amigo antigo. Rodolffo Rodrigues Ferreira tinha me visitado no começo do ano em São José do Rio Preto. Tínhamos conversado sobre como meu sonho se transformara em pesadelo. De certa forma constrangido e sem saber como reagir, visto que tinha participado comigo de grande parte da jornada dos concursos, disse que eu poderia contar com ele para o que precisasse.

Lembro que ele me disse algo mais ou menos assim: "Meu amigo, eu sei que pode parecer difícil agora, mas não deixe que o seu pesadelo te consuma. Eu sei que você trabalhou duro para alcançar seus objetivos e que essa situação é muito frustrante, mas eu quero que você saiba que não está sozinho. Eu acredito em você e no seu potencial. Você é forte o suficiente para superar essa adversidade e sair ainda mais forte do outro lado. E eu quero te ajudar nesse processo, estarei sempre aqui para ouvir e te dar suporte."

E, como minha mãe, me falou sobre os caminhos de Deus: “Lembre-se que Deus nunca abandona seus filhos, Ele está sempre ao nosso lado, mesmo nos momentos mais difíceis. Se você se sentir perdido, busque orientação Nele, Ele vai te guiar e te dar a força necessária para seguir em frente. Além disso, eu quero te encorajar a não desistir dos seus sonhos. Ainda há muitas oportunidades esperando por você. Aproveite esse momento para refletir, repensar seus planos e talvez até descobrir novos caminhos. Acima de tudo, mantenha a sua fé inabalável em Deus. Ele é o nosso refúgio e fortaleza, e nos dá a força necessária para superar as dificuldades. Confie Nele e siga em frente, com determinação e esperança. Estou aqui por você, sempre.”

Ao sair o resultado do indeferimento, pensei em não recorrer. Parecia que seria “bater em ferro frio”. Mas me veio à cabeça o Rodolffo, que estava advogando e poderia me ajudar. De pronto ele aceitou o desafio de estudar os motivos do indeferimento. Num misto de revolta e tristeza, resolveu se debruçar sobre o Regimento Interno do Tribunal gaúcho e a jurisprudência sobre o tema. Fez um recurso muito bem fundamentado demonstrando as incoerências da decisão do Tribunal. Se dispôs a fazer sustentação oral e conseguiu agenda para despachar com o relator do Recurso Administrativo.

Infelizmente, de nada adiantou. Os recursos não surtiram efeito algum, não comoveram os desembargadores.

Em sua decisão, o Conselho da Magistratura do Tribunal de Justiça do Rio Grande do Sul fez constar trechos da decisão do Órgão Especial do Tribunal de Justiça de São

Paulo. Um deles: "um conjunto de circunstâncias indicativas de que eventual aplicação da penalidade de censura não terá efeito dissuasório no caso concreto". E talvez o trecho mais cruel de se ler: "Acresce notar que a demissão deu-se por exercício de atividade incompatível com a Magistratura após o candidato ter recebido determinação da egrégia CGJ do TJSP para cessar com tal atividade, tendo se negado a cumpri-la. O candidato alega que a atividade não era incompatível e que não entendeu a ordem recebida, sendo razoável se inferir que pretenda continuar com sua conduta, razão pela qual a admissão nesta Corte deve ser negada." Para além de não aceitar minha defesa, o Tribunal gaúcho partiu de uma "vidência" para negar a simples participação em uma prova oral.

Aquilo me tocou. Agora, a batalha no CNJ seria pela absolvição. Se os conselheiros decidissem transformar a pena de demissão em censura, eu abandonaria a magistratura. Liguei para o Saul: "Quero brigar pela absolvição. Não me basta voltar. Preciso voltar com o reconhecimento pleno da injustiça".

Razão de ser do CNJ

Voltei de Lisboa no dia 24 de abril, sem saber ainda que exatamente um mês depois nosso caso estaria encerrado com o melhor resultado possível. Nas dez horas de voo, pouco dormi. Trazia na bagagem memórias de momentos únicos e um pouco de angústia. Mas não aquela paralisante, que nos trava as ações. Sim, aquela angústia leve, que nos move a buscar uma solução. Anotei que precisava de mais referências globais de justiça para a sustentação oral. Troquei ideias com a Rebeca sobre caminhos a seguir. Era necessário seguir vigilante para que o nosso caso não saísse mais da pauta até seu julgamento – Senivaldo já esperara demais.

Pedimos audiências e distribuímos memoriais para todas as conselheiras e todos os conselheiros, novamente. Fizemos chegar a eles um procedimento, na verdade, um pedido de providências, aberto depois da demissão de Senivaldo, que apurava justamente a prática de *coaching* por 18 juízes paulistas. A Corregedoria intimou os magistrados, colheu explicações e analisou materiais, apostilas, criações didáticas dos jovens professores. Concluiu que algumas práticas não estavam de acordo com o que o Tribunal entende por docência, os juízes responderam que deixariam de praticá-las e deu-se a questão por encerrada.

Nenhum cotista, nenhum jovem jurista negro dentre os magistrados. Para uns, o equilíbrio sábio da balança. Para outros, o golpe impiedoso das espadas.

Nossos pedidos de audiência foram atendidos por quase todos os conselheiros e as conselheiras. Poucos não puderam ouvir nossas razões. Em horas assim, sempre nos vem à mente o pior cenário, com o qual é importante trabalhar. Logo, quem não nos escutou pessoalmente pode vir com um voto negativo em relação ao pedido. Em uma sustentação oral, é importante falar para todos. Mas, principalmente, para quem nos está ouvindo pela primeira vez.

Foi aí que comecei a pensar sobre as razões de existir do CNJ. Sabíamos que o Conselho só revisa atos de Tribunais de Justiça excepcionalíssimamente. São decisões muito raras. Em regra, os atos são mantidos. O CNJ só intervém quando é uma situação teratológica. E era o caso! Anotei, para sustentar depois, que uma das razões de existir do CNJ é para que, de maneira pontual, excepcional, em casos extremos, deixe uma mensagem por meio de suas decisões. No caso do juiz Senivaldo, a mensagem era de uma justiça de portas abertas a todas as brasileiras e todos os brasileiros capazes e com vocação para se tornarem magistradas e magistrados.

As ideias para a sustentação oral estavam amarradas, a maior parte do Conselho de posse de todas as informações sobre o processo, faltava apenas o Conselho chamar o caso a julgamento. Seguíamos em compasso de espera quando nos chegou a boa notícia, a garantia de que o processo seria, finalmente, decidido. Frei David, líder da Educafro, nos informou que o presidente do Conselho Nacional de Justiça, ministro Luiz Fux, havia dito que chamaria, sim, o caso a julgamento na sessão seguinte.

"Liga para o Frei agora!"

Em abril de 2022 eu ainda estava fora da magistratura e lidando com uma ansiedade cada vez maior por conta da espera pelo julgamento da revisão disciplinar pelo CNJ. Foi quando li, no UOL, um perfil sobre o Frei David, da Educafro. Fazia cerca de um ano que conversávamos e ele foi uma figura central na minha reabilitação. A reportagem[21] trouxe um depoimento do frei que eu já havia escutado pessoalmente. E que revela, como poucas informações ou dados são capazes, o tamanho do trabalho de resgate que precisa ser feito para que haja alguma equidade entre a população negra e a população branca no Brasil.

Eis o trecho do depoimento: "Como descobri a exclusão do povo negro? Quando fiz uma palestra para a juventude negra, na Baixada Fluminense, com mais de 100 jovens, eu perguntei: levante a mão quem de vocês vai fazer faculdade. Eu vinha de duas faculdades e, na minha cabeça, fazer faculdade era o normal de todo ser humano. Não imaginava que era possível uma pessoa jovem, seja ela pobre ou rica, não ter o sonho de fazer faculdade. Mas só dois [jovens] levantaram o braço. Ali, caiu a ficha. E

21 Disponível em: https://www.uol.com.br/ecoa/reportagens-especiais/causadores--frei-david/

eu entendi qual era a minha vocação. Lutar radicalmente para que negros e pobres tivessem acesso à educação".

Esse depoimento resume bem o que é a Educafro, porque não é simples descrever a entidade, tamanha a amplitude do leque de ações que lidera ou que faz parte. A entidade foi fundamental, por exemplo, para a edição da resolução que criou o sistema de cotas para ingresso na magistratura. Essa foi a primeira ação do Frei David que impactou diretamente a minha vida, sem que nos conhecêssemos pessoalmente. A Frente Nacional Antirracista já havia encontrado o presidente do CNJ logo no começo de seu mandato em 2020 para estruturar novas políticas de acesso da população negra a cargos de destaque no Poder Judiciário.

O frei costuma dizer que ninguém é racista por maldade. Que todo mundo que é racista é por falta de oportunidade de conhecer a dor do outro. Sua mensagem não é a de confronto, mas a de informação, clareza, objetividade, de mostrar o problema de forma cristalina e sem rodeios. Isso, para muitos, acaba em confronto. Mas a culpa jamais será do mensageiro.

Em mais de 30 anos de trabalho, a entidade liderada por Frei David já garantiu a cerca de 100 mil jovens negros o acesso a universidades em todo o país. Em alguns casos, com bolsas de estudo integrais. A Educafro foi fundamental para a construção do consenso mínimo para aprovação da Lei das Cotas Raciais e, depois, essencial para a sua manutenção diante dos ataques que sofreu e no julgamento em que a norma foi declarada constitucional pelo Supremo Tribunal Federal. É um trabalho transformador.

Procurei Frei David pela primeira vez logo depois da minha demissão, mas passamos a nos falar com regularidade um ano depois, quando percebemos finalmente que o processo poderia, sim, demorar muito tempo para ser julgado. O contato foi estreitado graças a meu amigo William Douglas, desembargador do Tribunal Regional Federal da 2ª Região. William sempre foi um grande conselheiro na estrada para a aprovação e acompanhava meu caso de perto, desde a abertura do processo administrativo. Ele conversou com muitas pessoas para sensibilizá-las sobre a injustiça da qual eu havia sido vítima.

No começo de 2022, o desembargador me liga e relata que Frei David, também seu amigo, teria uma audiência com o presidente do CNJ, ministro Luiz Fux, e estava consultando as pessoas próximas em busca de casos para ajudar a compor a pauta da conversa. Queria apresentar mais do que números, mas causas que demonstrassem o desequilíbrio no tratamento entre negros e brancos. Ele havia falado de mim para o Frei, que imediatamente se lembrou da nossa primeira conversa.

Recordo-me bem deste dia, não porque William me ligou às 6h40 da manhã, o que era habitual, pois sabia que eu estaria acordado estudando. Mas por conta da troca de mensagens que se seguiu à ligação. Ele me passou o telefone do Frei David e disse para que eu ligasse. Respondi: "Obrigado. Vou respeitar uma etiqueta mínima de horário e escrevo para o frei depois de 7h30. Ou melhor, vou escrever às 8h. Ok?". Ele respondeu: "Mensagem nada. Ligue, e ligue agora, porque acabo de falar com ele, que está esperando a sua ligação".

Liguei imediatamente ao Frei David, que me atendeu, ouviu os detalhes que ainda não conhecia do meu caso. Meia hora depois, o frei me ligou novamente pedindo novos detalhes e tudo o que eu achasse importante porque iria colocar o meu processo entre os destaques a tratar com o ministro Fux. Houve a reunião, as notícias eram boas. Não sobre resultado, mas isso já importava menos. Àquela altura, eu queria ver o caso julgado, fosse qual fosse o deslinde, para que eu pudesse me recompor e seguir com a vida. As boas notícias eram as de que a Educafro também encamparia meu processo, faria constar petição nos autos como terceira interessada e acompanharia de perto a solução.

Então, no começo de abril de 2022, quando eu contei para Frei David sobre a decisão do Tribunal de Justiça do Rio Grande do Sul de barrar minha inscrição definitiva pelos motivos que barrou, ele se revoltou e me disse: "Vamos trabalhar mais para que o CNJ corrija essa injustiça. Essa causa não é mais sua, mas da população negra". A partir daí, Frei David ligou para cada conselheira e cada conselheiro do CNJ, falou com o secretário-geral da Presidência do Conselho, Valter Shuenquener, e conseguiu, com sua persistência, chamar a atenção para o processo. Pautado para o dia 19 de abril, sem que fosse chamado, meu caso permaneceu na pauta de 10 de maio, também sem ser apregoado. Foi então que o frei voltou à carga e obteve a garantia de que a Revisão Disciplinar seria julgada no dia 24 de maio.

Por essas coincidências felizes da vida, que parecem escritas por Deus, eu estava em São Paulo para falar na

Educafro no dia 23 de maio. Frei David me convidou, então, para assistirmos ao julgamento na sede da entidade, o que acertamos. Um dos funcionários da entidade, contudo, manifestou sintomas gripais na tarde de segunda-feira. Em tempos de Covid-19, o frei achou melhor deixar seus colaboradores do setor administrativo em casa e me chamou, então, para assistir ao julgamento no Convento de São Francisco de Assis, ao lado da Faculdade de Direito da USP, no Largo São Francisco, centro de São Paulo, a 600 metros do Tribunal de Justiça de São Paulo. A pé, uma distância de sete minutos.

O que percebemos, eu, meus familiares e meu advogado tornado amigo, Saul, foi que Frei David fez mais do que colocar a Educafro no processo – o que, por si só, já seria espetacular. Ele sentiu na pele a injustiça, acreditou na causa, agendou audiências com quem participaria do julgamento em nome da Educafro. Como descreveu Saul, "ele arregaçou as mangas da camisa mesmo, foi a campo". Mais do que uma liderança institucional da causa negra na disputa, Frei David estava emocionalmente envolvido na causa. Ele nos acolheu, nos abraçou, nos tratou por irmãos e, por mais que eu viva dez vidas, não conseguirei devolver a este homem todo o bem que ele me fez.

O julgamento

O dia 24 de maio amanheceu seco. Brasília estava ensolarada, com um clima ameno. Acordei junto com a aurora, tomei um café reforçado, um banho rápido, repassei minha sustentação oral com a Rebeca e por volta de nove da manhã estava no escritório. O caso estava pautado pela terceira vez. Entrei no escritório e dei de cara com o Rodrigo Barbosa e a Ana Gabriela, nossa estagiária. Olhei para os dois e disse: "Se esse caso for chamado hoje, a gente ganha". "Por quê?", perguntou Ana Gabriela. "Porque hoje eu estou profundamente inspirado, não sei explicar, mas estou que não caibo em mim".

Mais não disse. Entrei na minha sala, Rodrigo comigo, e segui estudando e cronometrando meu tempo de fala. Peguei a sustentação que havia desenhado em Lisboa e no voo de volta, e fiz algumas outras adaptações. Incluí no texto que a Suprema Corte dos Estados Unidos, pela primeira vez em sua história, teria em sua composição uma juíza negra. Indicação do presidente Joe Biden, Ketanji Brown Jackson fora aprovada pelo Senado norte-americano em abril e tomaria posse em junho. Fiz menção ao primeiro discurso do presidente Abraham Lincoln, que rogou aos "anjos bons de nossa natureza" para tentar evitar a guerra do sul escravagista do país contra o norte abolicionista.

Seguíamos medindo o tempo. Rodrigo Barbosa achou que eu estava terminando muito antes. São dez minutos regimentais. A regra não escrita, implícita, das boas sustentações orais, no que diz respeito ao cronometro, é não estourar o tempo, mas não terminar muito antes. Eu somara até ali, seis minutos de defesa do caso. Então incluí, nos minutos finais, referências que achei adequadas diante do que vivemos até ali no caso de Senivaldo.

Quinze minutos de carro separam a sede do escritório, que fica na QL 22 do Lago Sul, da sede do Conselho Nacional de Justiça, no Setor de Autarquias Federais Sul. A sessão estava marcada para as 14h. Saí do escritório às 13h15 e às 13h35 já estava sentado no plenário do Conselho. A sessão foi declarada aberta às 14h38. Cinquenta minutos depois, o presidente do STF e do CNJ, ministro Luiz Fux, anunciou:

"Chamo a julgamento a Revisão Disciplinar nove um sete oito. Conselheiro Mauro Pereira Martins. Requerente: Senivaldo dos Reis. Requerido: Tribunal de Justiça do Estado de São Paulo. Procedimento com sustentação oral pelo tempo regimental de dez minutos. Falará pelo requerente o advogado Saul Tourinho Leal. Pela terceira interessada, AMB, o advogado Alexandre Pontieri. Pela terceira interessada Francisco de Assis: Educação, Cidadania, Inclusão e Direitos Humanos, o advogado Maurício Antonio Paulo. E também pretende fazer uso da palavra, ao final, Sua Excelência, o Subprocurador-Geral da República".

O relator, desembargador Mauro Martins, com a palavra, fez um resumo do processo e do pedido de Senivaldo em exatamente um minuto e doze segundos. Adiantou que acolhia em parte a pretensão do juiz, aplicando a penalidade de censura. Ou seja, reformava a decisão de demiti-lo tomada pelo Tribunal paulista. A pena de censura estaria prescrita. E Senivaldo seria reintegrado aos quadros da magistratura. Na minha cabeça, contudo, martelava o seu pedido: "Quero brigar pela absolvição. Não me basta voltar. Preciso voltar com o reconhecimento pleno da injustiça".

Já na tribuna desde que o processo foi chamado, respirei fundo, expirei e fiz a sustentação oral abaixo transcrita.

Senhor Presidente, na pessoa de Vossa Excelência eu cumprimento todo este Egrégio Conselho. O caso do magistrado Senivaldo se inicia com o pedido de docência, voluntariamente formulado perante a Corregedoria do Tribunal Bandeirante e que, quando da resposta por parte da Corregedoria, compreende-se que o que Senivaldo pretendia, que noutras palavras é entrar no magistério para preparação de carreiras públicas, que coloquialmente chamamos de cursinhos preparatórios, não equivalia a docência. Equivalia-se mais à figura jurídica do coach, e assim sendo, havendo resolução desse Conselho, não poder-se-ia autorizá-lo.

Senivaldo voluntariamente aquiesce, não recorre, não judicializa, dá aquilo como respondido, e a vida segue. Mais adiante a Corregedoria identifica materiais didáticos de Senivaldo na internet. Apostilas, questões de concurso, de ofício abre-se um PAD e diz: "o magistrado, na verdade, está recalcitrante. Porque eu já havia negado um pedido de docência e, agora, reaparece esse material didático". O corregedor traz a sinalização da censura. Uma divergência é aberta. Propõe-se a demissão. E Senivaldo é demitido.

Senhor Presidente, quando o professor Carlos Ayres Brito teve audiência com relator originário desse caso, professor disse: "Trata-se claramente de um conceito jurídico indeterminado, essa figura do coach, plurissignificativo, que exatamente por essa fluidez conceitual reclama moderação hermenêutica. Alguma contenção exegética. Sob pena de se transformar numa norma sancionatória em branco".

Nesses autos há um parecer do professor Lenio Streck, que dia e noite tem críticas contundentes quanto a qualquer vulgarização do ensino jurídico brasileiro. E Lenio Streck diz: "Senivaldo provocou a Corregedoria. Senivaldo que pediu orientações. Senivaldo que demonstrou boa-fé. Não é recalcitrante e a pena é desproporcional". Veio aos autos o Ministério Público, na pessoa do procurador Humberto Jacques: "É desproporcional, é excessivo".

Senhor Presidente, Senhoras Conselheiras, Senhores Conselheiros, onde é fácil demitir juiz, é impossível, às vezes, encontrar a justiça.

Veja que aqui, esse magistrado, quase dez anos mais jovem do que eu, no início de uma vida repleta de potencial, não pode mais voltar para o seu cargo originário no Tribunal de Contas; tomaram-lhe o passado. Não pode mais exercer a magistratura bandeirante, para a qual foi aprovado por concurso na vaga das cotas; tomaram-lhe o presente. E como ele é um bom estudante, um aluno aplicado, um bom magistrado, ele foi aprovado depois da punição na magistratura gaúcha. Fiz chegar a Vossas Excelências memorial. Não pôde tomar posse. Não tem idoneidade moral. Está banido da magistratura nacional.

Mas o que ele fez?

Vem aos autos a doutora Renata Gil: "é um magistrado selo ouro"; manifestação escrita da AMB nos autos. Se soma a ela a

Ajufe, na pessoa doutor Eduardo André Brandão de Brito Fernandes, que aqui está.

Senhor Presidente, Senivaldo pede pelo menos isonomia aqui. Há aqui o Pedido de Providências 179.281. Fiz chegar ao gabinete de Vossas Excelências: PP 179.281. Julgado pelo Tribunal Bandeirante depois da demissão de Senivaldo. Dezoito magistrados sob acusação de que eram coachs. A Corregedoria chama, analisa as apostilas e coisas que tais, oficia-se para descontinuar esse comportamento. Os magistrados voltam e dizem: "tudo bem, vou descontinuar, peço desculpas pela impropriedade". Vem então a resposta desse PP. Abre aspas. "Todos os magistrados apresentam o firme propósito de manter apenas a atividade docente". Fecha aspas.

E o PP é arquivado. Nenhum cotista nesse PP! Nenhum jovem jurista negro nesse PP!

Que justiça correcional é essa, que para um entrega o equilíbrio sábio da balança, e para outros o golpe impiedoso das espadas, a força destrutiva dos martelos?

Vamos à cota! Resolução 203, de 2015, deste Conselho Nacional de Justiça. Abre aspas. "Esse Brasil, cujas estruturas estatais distinguem pela cor da pele, uma pele, é um Brasil que precisa acabar". As palavras não são minhas. As palavras são de Frei David, que se soma aos autos, pela Educafro, visibilizando essa pauta.

Veja que, Senhor Presidente, Senhoras Conselheiras, Senhores Conselheiros, recentemente os Estados Unidos vislumbram um alinhamento raro de astros onde republicanos e democratas se juntam no Senado para, pela primeira vez, ver uma mulher negra na Suprema Corte dos Estados Unidos. As nações estão tentando recomeçar essa história, dessa vez do lado certo, alimentadas pelo que Lincoln chamava de os anjos bons da nossa natureza.

E como estamos no Brasil? As razões de decidir da divergência mostram como estamos. Vou ler apenas três trechos, de vários que estão na inicial, das razões de decidir da divergência pela demissão.

Um PAD para apurar se Senivaldo era coach. Abre aspas.

"É um candidato que ingressou inclusive na magistratura na primeira fase com aquela nota menor dentro do sistema de cotas".

Outro trecho. Razões da divergência que se somaram ao líder da divergência.

"Ele estaria vendendo uma receita que não serve para noventa e tantos por cento das pessoas. Porque ele não atingiu aquele número de cotas".

Último trecho – é o que basta. Olhem o estigma, Senivaldo nunca respondeu a um PAD.

"Eu tenho uma convicção, gostaria muito e espero estar errado, mas eu tenho uma convicção absoluta que esse nome retornará num futuro para esse colendo órgão especial".

Senivaldo nunca tinha respondido a nenhum PAD.

A boca fala do que o coração está cheio.

Todos nesse Egrégio Conselho têm formação jurídica. Temos a mesma formação de Nelson Mandela, de Mahatma Gandhi, de Ruth Bader Ginsburg, de Tancredo. Como celebrar esse PAD? Aplaudi-lo? Constrangimento institucional.

É por isso que Senivaldo faz seu pedido, e conclui. Senhor Presidente, Senhoras Conselheiras, Senhores Conselheiros, este Conselho nasceu para tardes como a de hoje. Tardes nas quais, no exercício pontual e excepcional de casos extremos, deixa uma mensagem a partir de suas políticas jurisdicionais e administrativas. Uma mensagem que diz: "Sejam bem-vindos. Podem entrar. A magistratura é, sim, o vosso lugar".

É por isso que Senivaldo pede a procedência integral da sua revisão disciplinar, de modo a que possa, esse Conselho, corrigir e inspirar.

Muito obrigado, Senhor Presidente.

O dia de ser julgado

Não conversei com Saul sobre a sua sustentação oral. Preferi deixá-lo completamente à vontade porque, àquela altura, nossa relação havia ganhado musculatura. Como diz o ditado popular, a gente já "tocava de ouvido" juntos. Àquela altura já conhecia todas as sustentações orais disponíveis na internet que o Saul tinha feito. Conhecia aquele sotaque nordestino encantador; cada pausa na entonação; cada subida e descida de timbre. Saul não deve saber, mas assisti praticamente a todas suas sustentações e entrevistas. E foi somente após a contratação que eu descobri que meu destino estava nas mãos de um profissional pra lá de competente.

Por isso, eu esperava nada menos do que uma defesa enfática, objetiva, racional. Ganhei tudo isso embalado em um papel de presente emocional tão verdadeiro que me surpreendi positivamente. E confesso que as suas palavras ficaram dançando na minha cabeça, tanto que ouvi menos atentamente as outras defesas tão importantes quanto. Estava emocionado. Independentemente do resultado, meu advogado, ali, tinha feito Justiça em uma sustentação oral gigante, marcante, efetivamente emocionante.

Vinte minutos depois que Saul deixou a tribuna houve um intervalo na sessão para a assinatura de um protocolo de cooperação entre o CNJ, o governo e a Justiça do Distrito Federal para a criação de um programa de difusão dos princípios e das práticas da Justiça restaurativa como estratégia de solução pacífica de conflitos e de transformação social, por meio da educação nas escolas. A ideia é levar para os bancos escolares noções de justiça como meio de pacificação, não de litígio. Um embrião de uma possível transformação social, chamado Justiça na Escola: Restaurando Relações.

Quando estamos com a corda no pescoço, enxergamos em qualquer ato, inclusive de terceiros, um sinal de que as coisas podem dar certo. Comigo não é diferente e vi ali um bom presságio de que eu relembraria para sempre aquela tarde como o dia em que eu voltei a respirar sem um peso no peito. Justiça é pacificação, não conflito. Depois das assinaturas e de dois discursos bastante bonitos do ministro Luiz Fux e do ministro Luiz Philippe Vieira de Mello Filho, essa minha sensação se reforçou.

Retomada a 351ª sessão da história do CNJ, pouco mais de uma hora depois do intervalo para a assinatura do protocolo, o ministro Luiz Fux passou a palavra para o desembargador Mauro Pereira Martins, relator do meu pedido de revisão disciplinar. As informações que tivemos antes do julgamento eram as de que Martins era um desembargador experiente e justo, que exercia a magistratura no Tribunal de Justiça do Rio de Janeiro sem vaidades, com visível desapego da estatura que o cargo lhe confere. Era essencialmente um juiz!

Enquanto ouvia seu voto, percebia que as informações se provavam reais. Apesar de não ser, ainda, o resultado que eu esperava, pelo qual torcia com todas as minhas forças, vi ali a tentativa franca de busca por justiça. De saída, Martins afirmou que identificou um excesso na pena de demissão, de que fui vítima, aplicada pelo Órgão Especial do Tribunal de Justiça de São Paulo. Nas suas palavras, houve a violação dos princípios da razoabilidade e da proporcionalidade. Em bom português, ele dizia que poderia ser aplicada uma pena para a minha falta, mas jamais a de demissão, que revelava que os desembargadores paulistas não tinham sido razoáveis ao analisar o PAD.

Mas, como durante todo o julgamento, o voto do relator também foi uma montanha russa de emoções. Primeiro, o desembargador Martins disse que a questão em jogo naquele julgamento era delicada porque envolvia "valores caros ao Estado Democrático de Direito, valores que têm tutela constitucional, que têm tutela infralegal e que têm tutela em atos normativos" do CNJ. Que questão? A questão das cotas, que, nas palavras do conselheiro, "representa um resgate histórico de um débito da sociedade brasileira com pessoas que foram, ao longo de sua vida, excluídas, tiveram o seu acesso a posições mais favoráveis na sociedade inviabilizado".

O relato que se seguiu a essa defesa da política afirmativa de cotas raciais foi bastante fiel ao que se desenrolou no processo administrativo que culminou com a minha demissão, com uma retificação que creio ser mais do que necessária: eu jamais me ofereci para redigir recursos para que candidatos em concursos públicos para a magistratura contestassem as correções e aumentassem suas notas. Como já expliquei antes, explico mais uma vez agora: criei um método de estudos e, sim, o coloquei à venda na internet. Mas não ofereci treinamento pessoal ou atendimento pessoal a ninguém, a nenhum candidato a qualquer concurso público. Esse, aliás, foi o erro fundamental, na minha visão, da decisão do Tribunal de Justiça de São Paulo: enquadrar como *coaching* uma atividade que não guardava nenhuma semelhança a tal prática.

Mas ali, no CNJ, eram essas as informações que o desembargador tinha do processo. E, de novo, minha concepção é a de que ele agiu com muita correção. Tanto que o próprio relator reforça que o conceito de *coach* é vago e impreciso. Martins lembrou que a atividade de *coach* é vedada porque o juiz precisa ter uma dedicação quase que exclusiva à magistratura. A atividade jurisdicional, segundo seu relato ali, é uma atividade extenuante, altamente estressante e que, justamente por isso, tem de consumir uma parte considerável do tempo do juiz. A maior parte do seu tempo de trabalho.

Plenamente de acordo com essa visão. Eu diria mais: a magistratura é mais do que uma profissão, é uma missão. Tentar, por meio de sentenças, acordos, decisões, atos, apaziguar as relações que chegam conflituosas ao gabinete do juiz – porque se não fossem conflituosas, ali não estariam – é algo sublime. Levar a paz onde há conflito é quase uma benção, não um trabalho. E eu me dedicava, então, como me dedico agora, com muito afinco. Tanto que em todos os relatos faz-se referência à minha produtividade. Mesmo o conselheiro Martins afirmando que, em sua visão, eu teria desafiado o Tribunal paulista, ele registra: "trata-se de um juiz altamente produtivo, segundo consta nos relatórios apresentados pelo próprio Tribunal, juiz que registrava elogios com relação a sua produtividade". Nunca deixei de cumprir minhas obrigações. Por isso é que o relator entendeu que houve um excesso cometido pelo tribunal na aplicação da pena de demissão, e propôs a pena de censura, que estaria prescrita.

Estaria ali reconhecido o fato de que houve uma injustiça. Mas eu tinha um sentimento misto, confuso, um tanto quanto contraditório que me tomava a alma. Na prática, se todos seguissem o voto do relator, eu voltaria à magistratura. Esse, afinal, era o meu objetivo. Mas se consolidava, apesar do resultado favorável, a ideia de que eu enfrentara a direção do tribunal. Além da aplicação de censura, eu voltava ao período de vitaliciamento.

O presidente Luiz Fux, então, informou que o voto do desembargador Mauro Martins tinha divergências pontuais em relação ao voto do ministro Luiz Philippe Vieira de Mello Filho. Fux propôs que fosse ouvido o ministro para que, na sequência, fossem colhidos os votos dos demais conselheiros.

"Aquilo que se ouve"

O voto do relator não era o que buscávamos. Censura prescrita não é sinônimo de absolvição. Sim, muitos fazem a leitura de que o resultado prático é o mesmo. E o que interessa é a aplicação prática da pena. Peguei o celular para escrever ao Senivaldo quando o ministro Vieira de Mello iniciou seu voto, que tinha basicamente duas perspectivas que estruturavam a sua linha de raciocínio. A primeira, de uma felicidade ímpar, propunha uma inovação dessas que revelam o caráter humanista do magistrado. Para o ministro, o processo de Senivaldo revelava que era preciso reestudar a função das escolas de magistratura e adequá-la, tal como o CNJ fez com os concursos, à realidade das políticas afirmativas, que identificam as desigualdades para que, ao enfrentá-las, dar oportunidades iguais a todos.

Vieira de Mello defendeu um acompanhamento mais atento, mais adequado, mais acolhedor dos magistrados cotistas. O sistema que recebe pessoas oriundas de políticas afirmativas tem de se comportar de maneira conforme, o que não aconteceu. Nas palavras do ministro, o Judiciário não estava suficientemente preparado para a inclusão dos magistrados que passam a compor seus quadros a partir do sistema de cotas. E chamou a atenção para o fato de que Senivaldo era acusado pela prática de *coaching*, foi julgado pela prática de *coaching*, mas em seu processo administrativo havia várias e várias referências ao seu desempenho, que não estava em julgamento – ao menos, não formalmente. Anotações depreciativas feitas por sua avaliadora, por exemplo, sobre como ele usava ponto e vírgula, e outros possíveis equívocos em decisões. Nada enfrentado de forma clara, mas devidamente anotado no PAD.

Essa era uma das questões que me inquietava, desde aquele já longínquo final de semana em que passei compulsando os autos: afinal, se Senivaldo estava sendo julgado por, supostamente, praticar *coaching*, por que havia anotações relativas ao seu modo de redigir sentenças? Avaliações muito pouco abonadoras, registre-se, mas absurdamente subjetivas. Nada objetivo. Fiquei satisfeito pelo fato de essa contradição do julgamento feito pelo TJ bandeirante também saltar aos olhos sensíveis do ministro Vieira de Mello.

Neste ponto, o conselheiro defendeu que, ainda que houvesse deficiências nas sentenças, para acolher de verdade, com o coração aberto, pessoas que chegam ao Poder Judiciário por meio de políticas afirmativas, é necessário que a Justiça se adeque, que repense algumas práticas. "Por um lado, nós temos um magistrado que ingressa pelo sistema de cotas, que revele talvez alguma disparidade em relação a outros juízes, e por outro lado temos instituições não vocacionadas a dar suporte e condições para a superação dessas eventuais diferenças". O que o ministro defendia ali, usando outras expressões e aprofundando ainda mais o raciocínio, era o já conhecido brocardo: "Tratar com isonomia as partes significa tratar igualmente os iguais e desigualmente os desiguais, na exata medida de suas desigualdades". Não observar isso, disse o conselheiro, "reflete a cultura de exclusão que marca a nossa sociedade".

E disse mais: "O alvo dessa análise são as estruturas de poder e a instituição de práticas que acabam por, implicitamente, serem discriminatórias. É a própria questão do racismo estrutural que vivemos que está em jogo". Mais do que a necessidade de revisão disciplinar da pena aplicada a Senivaldo no caso, o que o conselheiro defendia era usar o caso para ir além de sua perspectiva individual, para extravasar e mudar a perspectiva também de um sistema discriminatório que recebe o magistrado por meio de cotas.

Mais ou menos neste ponto do voto, o ministro Vieira de Mello repetiu as expressões ditas por um dos desembargadores no julgamento de quase dois anos antes, quando Senivaldo foi demitido.

"Parece que é um candidato, que ingressou, inclusive, na magistratura, na primeira fase, com aquela nota menor dentro do sistema de cotas".

"Ele estaria vendendo uma receita que não serve para noventa e tantos porcento das pessoas porque não atingiu aquele número, ao que consta".

"De novo, não tenho certeza, não quero ser inconsequente e irresponsável dentro dessa afirmação."

E, novamente, o ministro foi profundamente humano ao identificar, na prática, os malefícios daquelas afirmações, ainda que ditas sem essa intenção. "Só que ele extravasa essa afirmativa em um colegiado. E aquilo que se fala, se ouve. E aquilo que se ouve, implicitamente, pode influenciar".

Depois de uma explanação empática, transformadora, realmente preocupada com abrir as portas do Judiciário para que ele se torne um lugar mais inclusivo e igualitário, o conselheiro passou a analisar o caso, a acusação da prática de *coaching*, e novamente fez justiça de forma clara e cristalina: "De fato, ele não a exerceu". No voto, o ministro faz uma longa descrição da atividade de *coaching*, com extensa pesquisa em órgãos especializados na prática, e conclui que Senivaldo jamais fez *coaching* ou exerceu atividade empresarial. As duas imputações – prática de *coaching* e atividade empresarial – caíram. O que sobrou?

O Tribunal de Justiça de São Paulo respondeu à consulta de Senivaldo sobre docência com a resposta: "Pare com a atividade". Ele parou. Mas manteve na internet a venda de material que estava no site dele. "Essa é a pequena nuance", disse o ministro. E lembrou que, advertido, ele retirou prontamente o material de circulação. A verdade é que Senivaldo esqueceu desse material. E Vieira de Mello reconheceu isso. Por isso, manteve uma pena de advertência. Como reprimenda pelo esquecimento. Mas anotou que havia prova contundente de que o magistrado nunca fez um recurso para quaisquer candidatos, tampouco teve contato com eles.

Nos dez minutos em que o ministro resumiu seu voto e jogou por terra a ideia de um juiz infrator, ele fez menção a um fato, digamos, incomum. Logo depois que Senivaldo saiu do curso Vorne e informou isso à Corregedoria, aquele órgão recebeu uma denúncia anônima que indicava que ele estaria oferecendo a redação de recursos para aumentar a nota de candidatos. "Eu verifiquei, pelos e-mails que estão nos autos, que no período da madrugada o próprio corregedor fiscalizava a rede social dele. Os prints estão aqui nos autos. Ou seja, não me parece uma atitude bastante corriqueira que o próprio corregedor vá fiscalizar o site do magistrado, sendo que havia 18 magistrados naquela circunstância".

Que ligação estranha!

Meus pensamentos imediatamente voltaram no tempo. A mesma viagem, tantas e tantas vezes. Eu já não estava mais no convento no centro de São Paulo, ao lado do Frei David e da Luana, bem como de Liz e Enzo, de olho na tela do computador. Fui transportado para Mirassol, cidade que fica a cerca de 450 quilômetros de distância, que se percorre em mais ou menos seis horas de carro – e que eu percorri em alguns poucos segundos.

O ministro Vieira de Mello fez constar em seu voto que houve uma denúncia anônima, o que fez com que minhas redes sociais fossem fiscalizadas pelo corregedor em pessoa, de madrugada. Nada disso me era estranho, porque eu conhecia o processo, as acusações e as investigações, de cor e salteado. De trás para frente, de frente para trás. Mas algo não estava nos autos e fez com que eu me lembrasse que coincidências existem, mas algumas são difíceis de engolir.

Em setembro de 2019, um mês depois que eu assumi uma vara na Comarca do município de Mirassol, um servidor atendeu a ligação de um rapaz que se apresentou como "Jairo, de Goiás". Jairo gostaria de falar com o juiz. Praxe nesses casos, o servidor pediu para que ele adiantasse o assunto. O magistrado estava em audiência e, a depender do tema, o próprio servidor poderia resolvê-lo. Jairo não quis adiantar. Ligaria mais tarde. Ligou, pediu novamente para falar com o juiz Senivaldo. Disse que era de Goiás, sua terra natal.

Mais uma vez, o servidor do cartório pediu que ele adiantasse o tema. O juiz estava em audiências durante toda a tarde e não poderia, naquele momento, atendê-lo. Salvo, claro, se fosse algo urgente. Por isso é que ele pedia a gentileza de Jairo dizer qual era, afinal, o motivo da ligação. Jairo afirmou que gostaria de "comprar os materiais dele". Do juiz. Àquela altura, para tentar evitar quaisquer ruídos com a Corregedoria, eu já tinha apagado minhas redes sociais e buscado deletar absolutamente tudo que dissesse respeito a docência, ensino, concursos. Nada mais havia em redes sociais ou na internet.

Mas havia um fato, este inquestionável: nunca, jamais, em nenhuma hipótese um aluno havia me telefonado. Mesmo quando "meus materiais" estavam no site, à disposição dos interessados, jamais recebi uma ligação. Exerci a Magistratura na cidade de Bebedouro, 130 quilômetros da cidade de Mirassol, por oito meses. Nunca uma ligação. Nunca um telefonema. Nunca uma consulta sobre os "meus materiais". Sem redes sociais ou atividade na internet, era improvável, inclusive, que qualquer pessoa de fora do sistema de Justiça soubesse onde eu estava lotado.

Eu havia submergido, passava os dias na vara, sem me dedicar a nada que não fosse o trabalho e a família. Mesmo parte dos meus amigos, eu creio, ainda não sabia do meu novo destino na magistratura paulista. Mas

"Jairo, de Goiás" sabia. E me telefonou no gabinete uma terceira vez, quando foi informado, pelo servidor, de que o magistrado não tinha materiais a disponibilizar. Pedi ao servidor que informasse a Jairo este fato, usando os exatos termos da determinação da Corregedoria. E que complementasse: se materiais houvesse, não seria durante o expediente que o magistrado iria tratar sobre eles. Não havia feito isso antes, não faria agora. Aquela ligação era, para dizer o mínimo, bastante inadequada.

As três ligações de "Jairo, de Goiás" foram feitas no dia 18 de setembro. Naquele dia, de acordo com os registros telefônicos do fórum, a Comarca de Mirassol não recebeu nenhuma ligação de números que tivessem prefixos de cidades de Goiás. Lembro que escrevi para a Luana às 18:22, naquele dia, ainda na vara, sobre quão inédita e estranha havia sido aquela abordagem. E no meio de um processo disciplinar.

Estava viajando nessas lembranças, longe da sede do Conselho Nacional de Justiça, onde meu destino era traçado, quando meu *WhatsApp* apitou. Como se soubesse que precisava me resgatar de um sonho, era o Saul: "Senivaldo, você está atento ao julgamento, correto? Preciso de seu foco total para o caso de haver uma questão de fato a esclarecer. Veja o que está falando o ministro Fux".

Alforria no século XXI

Escrevi para o Senivaldo para alertá-lo sobre a fala do ministro Luiz Fux. O presidente do CNJ foi enfático e usou mesmo as expressões que nós vínhamos adotando para nos referirmos à decisão do Tribunal de Justiça do Rio Grande do Sul de impedir a inscrição definitiva de Senivaldo naquele concurso. O ministro disse que a situação fática estava bem colocada, que a atitude de Senivaldo – seja por ter esquecido de tirar o site do ar ou por ter desafiado o Tribunal de Justiça – merecia uma reprimenda, mas de forma alguma aquela que lhe foi infligida.

Em uma explanação curta, de somente oito minutos, o ministro do Supremo fazia justiça e lecionava. Luiz Fux lembrou que a atividade preponderante do Poder Judiciário é a atividade jurisdicional. Ou seja, cabe ao Judiciário e, aos magistrados, o dever de julgar. Mas o Judiciário também legisla quando elabora os seus estatutos, os regimentos internos de seus órgãos e tribunais. E o Poder Judiciário ainda administra, quando decide as questões administrativas, inclusive orçamentárias, de suas varas, de seus fóruns, de seus tribunais. E quando exerce função administrativa, subjetivamente judicial, mas materialmente administrativa, A Justiça tem de agir como o administrador público, que só pode fazer aquilo que está expressamente previsto em lei. Afinal, é o princípio da legalidade que rege a atividade do administrador público.

Uma bonita definição sobre as atribuições do Poder Judiciário e dos limites impostos aos juízes quando estão em uma função diferente da jurisdicional. A fala do ministro saía, a um só tempo, interessante e instrutiva. Mas, em seguida, ficou particularmente interessante para quem atua em cortes superiores, para quem tem no Direito Constitucional seu material de trabalho cotidiano.

O presidente do Supremo Tribunal Federal e do Conselho Nacional de Justiça lembrou que desde o advento da Constituição Federal de 1988, o Brasil vive o neoconstitucionalismo. "Toda e qualquer aplicação de Direito tem de perpassar pela lente da Constituição, pelo tecido constitucional. No meu modo de ver, o tribunal, ao aplicar essa sanção, e eu compreendi bem a matéria fática, não perpassou pelos princípios constitucionais da administração pública. Dentre outros, o da razoabilidade", afirmou o ministro.

Fux observou que havia, sim, uma falta cometida por Senivaldo e uma divergência em relação a essa falta. Mas, fosse qual fosse, a demissão não era o medicamento adequado para aquele paciente. Luiz Fux foi além: "Além da pena ter sido desarrazoada, criou para ele uma consequência perpétua, porque esse rapaz faz concurso para outros lugares, e não é admitido porque tem essa pendência, que foi absolutamente irrazoável".

O Ministro fez questão de registrar que naquele colegiado de maioria de juízes todos sabiam dos sacrifícios feitos no caminho até a aprovação em um concurso público. O que se abdica de sonhos, de tempo com a família, de horas de lazer, de sono. Para, depois de aprova e empossado, ser demitido com base em fatos de nenhuma gravidade e, aprovado em outro concurso, barrado por conta destes mesmos fatos. "Isso virou uma prisão perpétua", afirmou o presidente do CNJ.

Luiz Fux voltou ao tema de ações afirmativas abordado pelo ministro Vieira de Mello e lembrou que o Brasil representou a sociedade escravocrata mais longeva do mundo. Rememorou que trabalhou na construção de políticas de ações afirmativas em universidade e, nesse trabalho, aprendeu os nomes como o de Adbias do Nascimento, de José Vicente e do Frei David. E atestou que os alunos oriundos do sistema de cotas, quando entravam na universidade, precisavam ter um suporte para suprir carências anteriores. E que nada de depreciativo há nisso, é um trabalho de resgate histórico que, como colocou o ministro Vieira de Mello, tem de ser absorvido também pelas escolas da magistratura, que precisam avaliar os candidatos fazendo uma anamnese. "Não pode esquecer esse passado. Não é condescendência, mas uma questão de coerência, de reconhecimento, de resgate histórico, com pesos e medidas um pouco diferentes", afirmou.

O ministro acompanhou o voto do relator e disse: "Voto para reintegrar esse requerente nos quadros da Justiça de São Paulo, concedendo a ele, muito embora não haja mais escravidão, uma verdadeira carta de alforria".

O resultado, talvez, não pudesse ser melhor. Talvez, porque nós ainda não sabíamos que, um pouco mais adiante, a Justiça daria suas caras integralmente naquela sessão. Mas, antes do paraíso, há o purgatório.

Tomaram-me o passado

Matematicamente, o voto do presidente do Conselho Nacional de Justiça vale um, tanto quanto cada um dos votos dos demais conselheiros. Mas sua influência não é pequena. O presidente do CNJ é ministro e também presidente do Supremo Tribunal Federal, o órgão máximo do Poder Judiciário – único, aliás, que não se submete às decisões do CNJ. Os conselheiros atentam ao que ele fala. Há divergências, claro, em todas as sessões. Como disse, os votos têm o mesmo peso na contagem final. Só que, como bem disse o ministro Vieira de Mello, aquilo que se fala, se ouve. E aquilo que se ouve, pode influenciar. E se o que se ouve, se ouve do presidente do colegiado, tem a atenção aumentada.

Era nisso que eu pensava enquanto eram chamados os demais conselheiros a votar. Um por um – com exceção do conselheiro Richard Pae Kim, juiz de Direito do Tribunal de Justiça de São Paulo, que mantinha a minha demissão – os integrantes do Conselho Nacional de Justiça aderiam à revisão da sanção a mim aplicada. Para censura, advertência ou procedência integral como consta no voto do conselheiro Mário Henrique Aguiar Goulart Ribeiro Nunes Maia. Por mais que o resultado prático fosse a minha volta à magistratura, algo me incomodava. No âmago, em algum lugar difícil de identificar, havia um ruído. Ainda me achava injustiçado. Tudo que se dizia e que se mostrava ali naquele julgamento revelava, ao menos, um tratamento diferente, sem isonomia, ao meu caso e ao de outros juízes.

Mas essa sensação foi dando, vagarosamente, lugar a uma esperança de acordo com o correr da sessão, as falas das conselheiras e dos conselheiros e a contagem dos votos. Já havia sete votos pela revisão da pena, a maioria pela aplicação de censura, de acordo com o que defendia o relator, quando o presidente deu a palavra para o conselheiro Marcello Terto. Foi então que fiz uma nova e longa viagem no tempo, de volta a julho de 2011, quando assumi o cargo de auditor de controle externo do Tribunal de Contas dos Municípios de Goiás. Um dos dias mais felizes da minha vida. Aos 23 anos, assumia um cargo após um difícil processo seletivo, que já me preparava, sem mesmo que eu soubesse naquela ocasião, para a maratona dos dificílimos concursos para ingresso na magistratura.

De julho de 2011, passei pelos sete anos de um aprendizado contínuo e de muito trabalho, até outubro de 2018, quando deixei o Tribunal de Contas para assumir o cargo de magistrado substituto do Tribunal de Justiça de São Paulo. Mas, imediatamente, aquela lembrança boa se tornou amarga, muito amarga, e os motivos foram ditos pelo Saul da tribuna do CNJ naquela tarde: tomaram-me o passado. Em 28 de outubro de 2018, no mesmo dia após ser demitido, pedi ao TCM-GO minha recondução ao cargo anteriormente ocupado. O conselheiro Marcello Terto citou isso em seu voto, com as seguintes palavras: "O até então juiz, ou recém-demitido juiz, no desespero, tentou voltar ao cargo de auditor de controle externo do Tribunal de Contas dos Municípios".

O conselheiro tinha razão. No desespero, mesmo. Luana prestes a dar à luz a nossa Liz. Enzo pequenino. Eu, demitido. Pedi a recondução. E o conselheiro Marcello Terto sabia disso porque, como procurador setorial daquele órgão, deu parecer sobre o meu pedido. E seu parecer foi pela não recondução.

Seu parecer foi técnico. Eu diria, justo. O procurador seguiu à risca o que diz a lei. No caso, a Lei Estadual 20.756/2020, que dá ao servidor o direito à recondução em caso de "reprovação em estágio probatório relativo a outro cargo" ou de "desistência de estágio probatório relativo a outro cargo, em caso de vacância do anteriormente ocupado". Como observou o procurador Terto em seu parecer, eu havia sido demitido, não reprovado. Era um juiz demitido, não desistente. Demitido! E essa era a mácula que havia sido pregada em mim. Ali, de fato, nada mais havia para ser analisado pelo procurador.

Eu pensava, com certo amargor na boca, que, no lugar do procurador, talvez tivesse escrito um parecer muito semelhante, quando fui novamente tragado para a tarde de 24 de maio de 2022, porque o conselheiro – não mais o procurador – Marcello Terto relatava que como é pequeno o mundo que, com suas voltas, o colocava frente ao mesmo caso, mas com responsabilidades e poder de análise bastante distintos.

Como procurador, não lhe cabia avaliar a sanção aplicada pelo Tribunal de Justiça. Como conselheiro, segundo suas palavras, "a pena foi muito pesada, e as consequências para esse profissional, que vem de origem humilde, são terríveis e perversas. O futuro dele vai ficar travado por muito tempo, apesar de todo o brilhantismo que eventualmente seja do seu caráter e do seu perfil profissional".

E disse mais. Afirmou que em razão das ponderações feitas pelo ministro Luiz Fux – "o que se fala, se ouve" – fez breves pesquisas ali mesmo, na sessão, e encontrou uma lição do ministro Celso de Mello. "Ele considera que a extinção de punibilidade motivada pela prescrição, a extinção da pretensão punitiva, ela prejudica o exame de mérito. Então, o dispositivo não é para aplicar a pena e depois reconhecer a prescrição. É considerar a pena em tese e reconhecer a prescrição da pretensão punitiva. Então, caso de absolvição. Tanto que o ministro Celso de Mello diz, esclarece, que o reconhecimento da pretensão punitiva, como se trata de direito sancionatório, provoca inúmeras consequências de ordem jurídica. E destaca, entre outras, em primeiro lugar, a extinção da punibilidade do agente. Em segundo lugar, a absolvição sumária, em função da prescrição. E a não permissão que se formule contra o acusado qualquer juízo de desvalor em relação ao fato objeto da persecução até ali".

Absolvição! Absolvição, foi a expressão que ouvi. E pensei em como o mundo dá voltas. E em como, muitas vezes, é preciso, sim, agir, lutar, fazer por onde, mas também aguardar o tempo dessas voltas para que as coisas se ajustem. O procurador que opinou pela minha não recondução ao cargo de auditor externo se tornou conselheiro do CNJ e, ali, na prática, me absolvia da punição que o levou a opinar pela não recondução.

No mérito, Terto votou com o relator, pela revisão da sanção para censura, com o reconhecimento da prescrição. Tentei parar de viajar pelo tempo e voltar minhas atenções todas para a sessão, porque, apesar do placar já construído, o ministro Luiz Fux pediu novamente a palavra.

Chuvas e trovoadas

Devo confessar que eu estava feliz com o resultado que se construiu. Como conversamos, eu e Senivaldo, por vezes sem conta, são raros, muito raros, os casos em que o CNJ reverte uma sanção aplicada pelos tribunais. Na prática, Senivaldo estava reintegrado à magistratura, com uma pena de censura prescrita, conseguiria retomar a vida pois receberia os vencimentos relativos ao período em que ficou injustamente suspenso e tiraria dos ombros o peso do mundo que carregava há quase dois anos. Sim, martelava na minha cabeça seu pedido: "vamos buscar a absolvição". Mas, na prática, ali se reconhecia a injustiça da qual ele fora vítima. Era um resultado muito bom.

Tudo isso passava pelos meus pensamentos, enquanto fazia a soma do placar. Nove votos pela revisão da sanção para censura, com o reconhecimento da prescrição. Três votos pela revisão da penalidade para advertência, cuja aplicação também estava prescrita. E um voto pela improcedência do nosso pedido e a consequente manutenção da demissão de Senivaldo. Feitas as contas, ganhávamos de goleada. Foi quando o ministro Luiz Fux pediu novamente a palavra e levantou uma questão de ordem.

Oito anos antes daquela tarde, o Plenário do Supremo Tribunal Federal julgara o Mandado de Segurança 20.262 e declarara a inconstitucionalidade incidental do artigo 170 da Lei 8.112/1990, também conhecida como o Estatuto dos Servidores Públicos. O dispositivo de lei determinava que, em caso de sanções aplicadas a servidores públicos, "extinta a punibilidade pela prescrição, a autoridade julgadora determinará o registro do fato nos assentamentos individuais do servidor". Ou seja, ainda que prescrita a punição, este fato constaria da ficha funcional do servidor, como uma nódoa permanente. Os ministros do STF julgaram inconstitucional o artigo por entenderem que ele fere o princípio da presunção de inocência. Se a pena está prescrita, não há punição. Se não há punição, não há anotação a ser feita nos registros do servidor.

Tudo isso foi rememorado pelo ministro Luiz Fux naquela tarde de maio de 2022, oito anos e um mês distantes daquele abril de 2014, quando o Supremo tomou a decisão. Assim são as decisões do Supremo, se fazem sentir anos, décadas depois de serem tomadas e guiam a sociedade por um caminho mais igualitário e justo.

O presidente do CNJ lembrou deste julgamento da Corte que compõe para defender que ali, o Conselho, dava o seu pronunciamento com efeitos *ex tunc*. Ou seja, a aplicação da sanção mais grave, de demissão, foi incorreta, nas palavras do ministro, *ab initio*. Não houvesse o tribunal bandeirante cometido o equívoco de demitir quem demitido não deveria ter sido, o magistrado estaria vitaliciado. Por isso, o ministro defendia que o CNJ também declarasse o seu vitaliciamento.

"Esse juiz, não sendo vitaliciado, vai ficar sujeito a chuvas e trovoadas. Direito e realidade caminham paralelamente. Nós não podemos ficar distantes da realidade. É uma característica da humanidade. Ele vai ser estigmatizado durante o vitaliciamento. Eu não tenho a menor dúvida disso. Ele vai ter sobre si, digamos assim, uma vitória sobre o tribunal, no sentido de ter conseguido conjurar essa punição", disse Luiz Fux. Em outras palavras, o presidente do CNJ lembrava aos colegas que todos somos humanos e que seria impossível ao Tribunal de Justiça de São Paulo avaliar este magistrado para conferir ou não o seu vitaliciamento com o distanciamento total do resultado do julgamento pelo CNJ, que acolheu as alegações do juiz de que o tribunal errou.

Humano, profundamente humano, o raciocínio do ministro. Não houvesse o equívoco da demissão, que foi excessiva – e apenas um conselheiro não a considerou excessiva – Senivaldo estaria vitaliciado. Pela presunção de inocência, não se admite nem que conste do assentamento a sanção. Se não há nódoa, pelo tempo decorrido da injusta sanção, há vitaliciamento. Então, que se declare a extinção da punibilidade e o consequente retorno dele aos quadros da magistratura de forma plena, vitaliciado. Essa a sugestão lógica e justa do ministro Luiz Fux ao relator.

Neste ponto, pedi a palavra para fazer uma brevíssima nota.

"Nesses longos mais de dois anos, o magistrado jamais deu qualquer entrevista a respeito disso. O magistrado jamais escreveu qualquer coisa a respeito disso. O magistrado jamais permitiu

que hoje, aqui, no santuário da advocacia, se tratasse isso de maneira fulanizada, de modo algum. Portanto, rogo que, a partir da questão de ordem colocada pelo presidente, o comportamento do magistrado na condução desse processo doloroso também possa ser analisado, escrutinado, aqui pelo Conselho".

Um pouco mais adiante, pedi novamente a palavra da tribuna apenas para esclarecer que Senivaldo fez todos os cursos de formação exigidos para o seu vitaliciamento, tanto pela EPM (Escolha Paulista de Magistratura) e ENFAM (Escola Nacional de Formação de Magistrados), tendo obtido o aproveitamento necessário para a validação do estágio probatório. E disse isso porque o ministro seguia a defender a sua posição e parecia convencer seus pares, principalmente ao trazer dados sobre a produtividade do magistrado em julgamento. "É um magistrado que tem uma dedicação ímpar à sua carreira. Consta aqui que a unidade judiciária em que ele atuava recebeu selo ouro de eficiência. Isso é uma contradição em termos. Quer dizer, ele teve uma falha, realmente teve uma falha. Está sendo apontada a falha". Mas a sanção, completou o ministro, foi desarrazoada. E, por isso, deveria ser plenamente desconsiderada para que fosse feita a plena justiça.

Neste ponto, o ministro Vieira de Mello pediu a palavra para reforçar que, no processo de avaliação de Senivaldo, havia manifestações atinentes à atuação dele na judicatura subscritas por juízes das comarcas de Bebedouro e de Barretos: "Em linhas gerais, os magistrados consignaram suas impressões sobre o juiz substituto, ao qual atribuíram personalidade expansiva, bem como engajamento com as atividades jurisdicionais. Alta produtividade, esforço em aprimorar e agregar conhecimento. Bom relacionamento com colegas e com o jurisdicionado. Isso são informações do Tribunal de Justiça de São Paulo".

De volta com a palavra, Luiz Fux lembrou que quando o STF reconheceu a competência concorrente do CNJ foi justamente para podar os erros e os excessos dos tribunais. O Conselho, afinal, tem competência superposta às corregedorias dos tribunais de Justiça do país. A última palavra, também nas questões correcionais, é do CNJ. "Qual a justiça no caso concreto? Afastar a punição e declarar ele vitaliciado. Isso foi tão injusto que eu acho que a gente tem de reparar integralmente essa injustiça. Foi por isso que eu propus essa questão de ordem".

Escrevi ao Senivaldo: "Você está ouvindo tudo isso?".

Quem tem o Pai não precisa de padrinho

Ouvindo eu estava, mas me belisquei para ter certeza de que não estava sonhando. O resultado ali era justo. Minha produtividade foi notada. Meu compromisso com a magistratura foi ressaltado. Era um bálsamo. Respondi ao Saul: "Sim, sim. Estou". E olhei para o Frei David, ao meu lado direito, e para a Luana, ao meu lado esquerdo, com a Liz no colo, agarrada à sua Minnie de pelúcia. Enzo dormia no banco do refeitório, em razão do efeito de medicamento por conta de uma dor de garganta que lhe acometeu no começo daquela manhã. E foi assim, muito emocionado, que escutei o presidente do CNJ proclamar o resultado do julgamento.

"Respeitadas as divergências, respeitado o dissenso, porque aqui não há discórdia, eu vou proclamar o resultado: O Conselho, por maioria, julgou parcialmente procedente o pedido revisional, para declarar extinta a punibilidade pela incidência da prescrição, nos termos do voto do relator, vedada a anotação da sanção nos assentamentos funcionais por força da declaração de inconstitucionalidade do artigo 170 da Lei 8.112 no Mandado de Segurança 23.262, e declarar, então, vitaliciado o requerente".

Pensei na minha mãe: "Quem tem pai, o Pai, não precisa de padrinho". Pensei, e ela ligou. De vídeo, aos prantos, ao lado do meu pai. Frei David filmava as reações, o choro, os soluços, a emoção. "Passei, mãe", escrevi quase quatro anos antes da sede do Tribunal de Justiça de São Paulo. "Conseguimos, mãe", disse, em maio de 2022, no Convento de São Francisco, abraçado à Luana, com o celular nas mãos, chorando junto com minha mãe e meu pai.

Liz nos olhava sem entender muito bem o que significavam aquelas lágrimas. Do telefone, minha mãe falava, entre lágrimas: "Obrigado frei, Deus te abençoe!". Eu segui com minha mão ao telefone, enxugando as lágrimas na manga da camisa. Luana se sentou e trouxe Liz ao colo, para que ela soubesse que aquele choro não era uma coisa ruim.

Passamos a noite de segunda para terça-feira no alojamento do próprio convento, a convite do Frei David – que, em um primeiro momento, provocou certo temor reverencial na Liz e no Enzo, com sua figura imponente, apesar dos trajes franciscanos, mas ali já estava amigo das crianças, que até hoje me pedem para fazer chamadas de vídeo com o frei. Quarto 305, com uma cama de casal e dois pequenos colchões no chão, onde ajeitamos as crianças. A noite foi difícil para todos. Enzo febril, com a garganta doendo. Liz fora do seu pequeno mundo. Eu e Luana com uma ansiedade que não nos cabia no corpo. A segunda noite, de terça para quarta, que também passaríamos ali, seria bem diferente. E foi, muito. Também um tanto insone e ansiosa, mas por diferentes motivos.

Eu queria responder a todas as mensagens, ligar para todas as pessoas que estiveram comigo, dar satisfações, me mostrar grato. Luana dizia para pedirmos algo para comer. Nas quatro horas em que minha vida esteve em suspenso naquela tarde, tempo decorrido entre o chamamento do processo e a sua conclusão, não tinha comido. Mas meu estômago ainda não se mostrava receptivo a nada, a cabeça a mil por hora.

Liguei de novo para o meu pai. Conversamos por mais de uma hora. Ele não pôde assistir a toda a sessão. Pastor, Seu Senivaldo leva o ofício, a missão, muito, mas muito a sério. Terça-feira, tinha culto no fim da tarde, e tinha de preparar suas palavras. Sua crença em ajudar a todas e a todos que fazem parte da comunidade da Assembleia de Deus em Araguapaz, uma pequenina cidade de pouco mais de oito mil pessoas no meio do Brasil.

Outra ligação que atendi – entre centenas, sem exagero, centenas de ligações e mensagens – foi a do meu amigo William Douglas, que chorava copiosamente. Confesso que aquilo me surpreendeu, porque sabia de sua torcida pelo meu caso em razão de toda ajuda que me deu, antes, como concurseiro, e depois, como conselheiro. Foi ele, afinal, que me aproximou de Frei David. A emoção de William me tocou profundamente.

Aquela emoção, aquele alojamento em um convento franciscano, a ligação anterior com meu pai, homem de profunda fé, aquela energia se transformou em combustível no meu corpo. Ali, eu deixei para trás toda e qualquer mágoa. Na quarta de manhã, a caminho de São José do Rio Preto, já era outra pessoa, pronta para mostrar, por meio de um trabalho árduo, maduro, comprometido, que o CNJ não se arrependeria da decisão tomada. De novo, me vinham as palavras do meu pai: "Volte, mas volte com o coração leve, puro, deixe para trás qualquer mágoa e traga disso somente as lições".

Além do conselho sempre fundamental de meu pai, sempre em busca de apaziguar, lembrei-me de uma frase de Nelson Mandela: *"Quando eu saí em direção ao portão que me levaria à liberdade, eu sabia que, se eu não deixasse minha amargura e meu ódio para trás, eu ainda estaria na prisão."* A citação me veio à cabeça quando voltava de São Paulo, no dia seguinte ao julgamento. E tive como referência a frase do Saul na petição inicial: "a luta sempre continua", que está inscrita na Corte Suprema da África do Sul.

Eu sabia que, para verdadeiramente experimentar a libertação em sua plenitude, eu precisava deixar para trás toda a amargura e o rancor que antes me aprisionavam. Essa liberdade transcendental não se trata apenas de abandonar correntes visíveis, mas também de libertar minha alma das garras do ressentimento e da incompreensão. Aprendi que, para alcançar a verdadeira liberdade, precisava aprender a perdoar e deixar que a paz preenchesse cada fibra do meu ser. Era preciso transformar minha dor em esperança, meu rancor em amor, e minha amargura em compaixão.

Em meu retorno rumo à liberdade, encontrei inspiração nas palavras de sabedoria do Evangelho. Jesus, o caminho, a verdade e a vida, ensinou-nos a amar nossos inimigos e a orar pelos que nos perseguem. Ele nos mostrou que a verdadeira liberdade está em se desfazer dos grilhões emocionais que nos impedem de experimentar a plenitude da vida em Deus.

É compreensível que, ao enfrentar as injustiças e as dores da vida, possamos nos sentir consumidos pelo amargor e pelo ódio. No entanto, ao escolher nutrir esses sentimentos negativos, nos tornamos prisioneiros de nossas próprias emoções, aprisionados em uma cela escura que sufoca nossa alegria e nos afasta da presença amorosa de Deus.

Não há peso que seja maior do que a graça de Deus, que está disponível a todos que a buscam de coração sincero. Quando entregamos nossas mágoas e ressentimentos a Ele, podemos experimentar a cura e a transformação divinas. O perdão é a chave que destranca as portas da prisão e nos liberta para viver uma vida plena e abundante.

Um ano e meio em um abraço

Voltei a falar com o Senivaldo dois dias depois do julgamento. Dei espaço a ele, o tempo necessário para ele voltar a São José do Rio Preto com a boa sensação de vitória, recolhendo o que ficou pelo caminho, juntando seus pedaços e os preenchendo com a liga necessária para retomar seu cargo de magistrado. Não era pouca coisa o que ele tinha passado, vivenciado. Muitas vezes, a sensação do advogado é a de estar em uma montanha-russa emocional. Mas nem se compara com a do cliente, ainda mais um cliente que está, literalmente, com o destino da vida em jogo.

Quando falamos novamente, na quinta-feira, ele me informou. "Vou a Goiás ver minha família neste final de semana, encontrar meus pais, tios, comemorar essa vitória. E quero ir até Brasília para me encontrar com você, Saul, se você puder". Como não?

Foi aí que me dei conta de algo inusitado: Senivaldo e eu não nos conhecíamos pessoalmente. Jamais havíamos nos encontrado. Primeiro, porque no começo do caso vivíamos ainda um grave momento pandêmico, com centenas de mortes diárias causadas pela Covid-19. Depois, porque meu cliente que se transformou em um bom amigo estava, digamos, com o cinto apertado. Senivaldo, lembremos, ficara sem receber salários por todo o tempo do afastamento da função. E também porque a atividade online, de forma remota, sempre me forneceu todos os elementos, os insumos, tudo o que eu precisava em termos de informação, material, documentos. Então, tudo se deu sem que jamais tivéssemos nos encontrado pessoalmente, fisicamente.

Marcamos o encontro para a terça-feira seguinte, 31 de maio, exatamente uma semana depois do julgamento do caso pelo Conselho Nacional de Justiça. Cheguei ao escritório cedo. Meus colegas já sabiam da visita. Para mim, aquele seria um momento histórico. Me preparei para estar ali, psicologicamente. Por volta das 9 horas da manhã, toca a campainha. A secretária vai até a porta e traz à sala principal do escritório o magistrado Senivaldo dos Reis Junior. Sim, quem entrou no escritório foi o magistrado, um pouco tenso, cerimonioso, protocolar, com um "bom dia" castiço. Estava ainda pouco à vontade.

Eu ali ansioso feito criança, feliz, todo vestido na informalidade. Mas, ainda respeitando os tempos de meu cliente, fui até ele também cerimonioso e estendi a mão para cumprimentá-lo. Nos aproximamos e o aperto de mãos, no espaço de um segundo, virou um abraço apertado, forte. De urso, como se diz. E emocionado. Os celulares de todos na sala registram o abraço, muitos se emocionaram junto conosco. Não era por menos: aquele não foi um abraço qualquer, mas um abraço de quase um ano e meio de sangue, suor e muitas, muitas lágrimas.

Abraço de um ano e meio

Pouco mais de 520 quilômetros separam a cidade de São José do Rio Preto, no interior de São Paulo, da capital de Goiás, Goiânia. Um caminho que se faz, com uma parada e em uma velocidade tranquila, em pouco mais de oito horas. O trajeto é pela BR 153, a Rodovia Presidente João Goulart – também conhecida como Rodovia Transbrasiliana. Ela não acaba em Goiânia, tanto que é chamada também de Rodovia Belém-Brasília, porque sobe até a Região Norte do País.

Calculamos o trajeto de carro, que seria o nosso meio de locomoção. Depois de ficar um ano e meio sem salários, transporte aeroviário era um luxo que não poderíamos, tão cedo, usufruir. Viajávamos felizes, na sexta-feira, três dias depois de o CNJ ter me devolvido a vida. Meus pais também viajavam, em sentido contrário. Enquanto subíamos o mapa do Brasil, eles desciam, de Araguapaz, numa viagem de 260 quilômetros até o nosso encontro. Estaríamos todos juntos, tios, tias, irmãos e a comunidade da Igreja Assembleia de Deus. Seria um final de semana de festa e agradecimentos. Juntamos fisicamente o grupo das orações das três da manhã, para reforçar nosso vínculo familiar. Comemorar, sim, mas sem nunca deixar de orar.

E assim foi até segunda-feira, quando viajei a Brasília com a Luana, Enzo e Liz, para a casa da minha avó Maria, meu avô Edésio e minha tia, em Goiânia, onde passamos a noite para, no dia seguinte, encontrarmos com o Saul. Acordamos, tomamos café, oramos, conversamos, repassamos nossos momentos. Tia Abnéia se lembrou de quando me levou ao aeroporto, quase quatro anos antes, quando viajei a São Paulo para acompanhar a divulgação do resultado do concurso que me fez juiz.

Fui para São Paulo escondido em 2018. Não queria que meus pais e minha família estivessem ansiosos por conta do resultado. Inicialmente comprei a passagem de Goiânia para São Paulo, entretanto, errei o horário. Precisei reajustar a passagem e o trecho mais barato seria saindo de Brasília. Fui e fiquei com minha tia e meus avós que lá moravam na época.

Ia pedir um Uber e ir quietinho. Minha tia Abnéia – ou a titita do Enzo e da Liz – não deixou. Tive que dizer a verdade a ela. E agora ela estava novamente conosco indo conhecer pessoalmente o Saul.

Eu estava feliz, mas tenso. Apesar de tudo ter acabado bem, havia em mim uma inquietação. Não me parecia apenas a habitual sensação de inadequação que nos acomete quando nos olham com certo receio, como se não fôssemos capazes ou merecêssemos estar em determinados lugares – como um goiano negro na cadeira de magistrado no estado de São Paulo. Era algo mais. E não havia motivo aparente para isso porque, apesar de toda a ansiedade para encontrar o Saul, seria um momento feliz. Mais um dos muitos que vivíamos há uma semana.

Às 7 horas saímos da casa da tia Abnéia rumo ao Lago Sul. O trajeto entre Goiânia e Brasília gira em torno de 2 horas após a duplicação daquele trecho da BR-153. Ao chegarmos, vimos uma cidade seca já, mas ainda com alguma brisa e paisagens que se estendem até onde a vista alcança. O céu é, de fato, o mar da capital federal. O Lago Sul é especialmente belo. Às 9 horas estava na frente da sede do escritório. Um sobrado branco e bege com palmeiras e um verde e convidativo gramado na entrada. Separado da calçada não apenas por uma parede fria, mas um muro também branco e bege adornado por vidros que permitem que se veja, desde a rua, o interior do jardim. Um local que combina certa imponência com simplicidade e essa permissão de se ver através dos vidros – o professor Britto, afinal, sempre foi a favor da transparência em seus julgamentos.

Toquei a campainha, fui atendido, entrei, mãos dadas com Enzo e Luana, que estava com a Liz no colo. Entrei formal e com aquela tensão, interna, que já mencionei. Uns seis advogados nos aguardavam. Cumprimentei a todos ainda um tanto tímido, mas o Saul veio em minha direção e, em poucos segundos, estávamos em um abraço de um ano e meio. Meu advogado se tornara meu amigo Saul, que brigou e conseguiu corrigir a injustiça de que fui vítima.

Depois da festa, fomos ao restaurante Chicago almoçar, minha família acompanhada do Saul e do Rodrigo Barbosa, seu fiel escudeiro, tão importante no meu caso, na construção dos argumentos, conforme me relatou o Saul. Um rapaz jovem, ainda aprendendo o ofício, cheio de energia e, quase como um paradoxo, sem ansiedades, centrado.

Rodrigo nos contou que, depois do julgamento no CNJ, ganhou do Saul sua melhor gravata, a que ele usou na sustentação oral. Uma linda gravata azul claro, com estampas em tons azuis escuros, Ermenegildo Zegna. Brinquei: "Quando crescer, quero poder comprar gravatas assim". Rimos, e Rodrigo nos disse que sempre que há um dia que, para ele, será importante no escritório, ele coloca a gravata.

Foi um almoço assim, agradabilíssimo, leve, que fez com que toda a minha tensão se desfizesse como fumaça. Ali do almoço mesmo, ligamos para o professor Lenio Streck. O seu parecer chamou a atenção para a minha causa como poucas peças jurídicas seriam capazes de fazer. Um parecer *pro bono* de um jurista com a qualificação do professor Lenio, que dispensa apresentações nos círculos da comunidade jurídica, colocou, tenho consciência disso, um olhar diferente sobre a minha causa. Assim como as atuações de Frei David e William Douglas.

Mais do que comemorar, o professor me deu um aviso. Parafraseando a talvez mais famosa frase e O Pequeno Príncipe, que, por sua vez, é a mais célebre obra do francês Antoine de Saint-Exupéry, o professor disse: "Tu te tornas eternamente responsável por aquilo que cativas". E emendou: "E você, meu caro Senivaldo, em cada decisão que vier a tomar, estará representando todos os que acreditaram no seu direito. Sua responsabilidade é maior do que a dos demais juízes, porque em cada decisão sua haverá a força da crença de todos que acreditaram em você. Sirva bem à Justiça".

Não contei ao Saul, mas saí do almoço e não voltei diretamente à casa da minha tia. Entrei no carro, peguei o celular, liguei o cabo USB ao painel, abri o *Waze* e digitei "CNJ". Todos os endereços em Brasília são sopas de letrinhas. E foi uma dessas que o aplicativo indicou: "SAF SUL Quadra 2 Lotes 5/6". Melhor rota, 13 minutos. Cliquei em dirigir e segui pela rota destacada. Em frente ao CNJ, parei o carro e não desci. Não procurei ninguém. Apenas demos as mãos – e ali de frente àquele prédio fizemos uma oração, agradecemos pela justiça alcançada.

Lembro que assim foi a oração: "Papai do Céu, muito obrigado por mais um dia. Muito obrigado por tudo que o Senhor tem feito em nossas vidas. Em especial, queremos te agradecer pela vitória que o Senhor nos deu. Sabemos que tudo contribui para aqueles que O amam. E sabemos que foi de acordo com a Sua vontade que esse pesadelo teve um fim. Ainda não sabemos ao certo os motivos de tudo isso, mas te agradecemos por passar por esse processo e o Senhor nos ter dado forças para suportar. Que sempre seja feita a Tua vontade, assim na terra como nos Céus". E todos dissemos "Amém!"

Ao deixar Brasília no dia seguinte, de volta a São José do Rio Preto, a sensação de inadequação, quase como uma queimação no estômago, voltou forte. Atribuí à ansiedade de retomar o trabalho e não pensei mais nisso. Oito dias depois, aquela intuição que me incomodava se materializou em forma de uma mensagem que me chegou, no começo da noite, por *WhatsApp*. Enviada por um amigo juiz, o link trazia a notícia de que o Tribunal de Justiça tinha recorrido da decisão do CNJ ao Supremo Tribunal Federal.

Novo round

Celular na mão direita, eu passava o texto vagarosamente com o polegar ainda tentando absorver o impacto da manchete: "Novo Round. TJ-SP aciona STF contra decisão do CNJ que revogou demissão de juiz". Notícia do site Consultor Jurídico[22], assinada pelo repórter Rafa Santos, trazia a petição inicial do Mandado de Segurança interposto pelo Tribunal de Justiça de São Paulo contra a readmissão de Senivaldo.

A notícia, que me chegara por *WhatsApp* pelo Senivaldo, trazia um bom resumo dos argumentos do TJ logo no primeiro parágrafo: "O Conselho Nacional de Justiça não tem competência para atuar como instância recursal disciplinar das sanções impostas pelo Tribunal de Justiça de São Paulo, sob o risco de interferência indevida na autonomia administrativa da corte estadual".

A reportagem trazia a íntegra do Mandado de Segurança, que abri. Uma peça que repisava os fundamentos julgados desproporcionais pelo Conselho Nacional de Justiça. Falava-se, mais uma vez, sobre "condutas de gravidade ímpar, incompatíveis com a magistratura.

---

22 Disponível em: https://www.conjur.com.br/2022-jun-08/tj-sp-aciona-stf-decisao-cnj-revogou-demissao-juiz

Necessidade de aplicação de penalidade mais gravosa do que a censura, branda e insuficiente para a hipótese concreta". Em uma peça de 33 páginas, o Tribunal bandeirante reclamava do desprestígio à decisão "soberana" que havia tomado e sustentava a tese de que o CNJ não teria o poder de modificar a pena considerada adequada pelo TJ, salvo em hipóteses de decisão flagrantemente contrária à prova dos autos.

Era dia 8 de junho. Uma quarta-feira. A vida tinha seguido. Eu dava o desafio do caso Senivaldo como superado. Naquela tarde, eu havia proferido sustentação oral na tribuna do Supremo Tribunal Federal em favor da ACEL, a Associação nacional das Operadoras Celulares. Havia pleiteado a declaração de inconstitucionalidade de lei paulista que obrigava o setor de telecomunicações a estender automaticamente a toda a sua base de usuários preexistente quaisquer novas promoções relativas a seus serviços. No dia seguinte, o julgamento continuaria. Quando recebi a mensagem, estava com a cabeça na continuidade do julgamento de um caso estritamente técnico. Mas a vida me tragava de volta a um drama humano.

Como lidei durante todo o caso, tentei tranquilizar Senivaldo. Dificilmente o STF daria uma liminar para afastar a decisão do CNJ. A relatora sorteada, ministra Cármen Lúcia, já havia passado pela Presidência do STF e do Conselho Nacional de Justiça. Em sua gestão, o poder de correição do CNJ não sofreu quaisquer abalos. Uma ministra experiente.

A primeira avaliação se fez real. A ministra despachou o processo no dia 12 de julho, mais de um mês depois, sem examinar o pedido de liminar. Determinou que CNJ prestasse informações: "Pela relevância das questões postas na presente ação e sem exame definitivo do cabimento desta impetração, determino sejam requisitadas informações à autoridade apontada coatora, para prestá-las no prazo legal".

Acertamos! Não haveria nenhum exame açodado da questão. Ainda assim, Senivaldo e eu entendemos ser uma boa prática nos apresentarmos para prestar informações acerca do caso, na condição de interessados diretos no resultado daquela causa. Logo que publicado o pedido de intimação do litisconsorte passivo necessário, acostamos ao mandado de Segurança nossa defesa. A essa altura, Senivaldo já estava de volta à judicatura, em pleno vapor. Mas ainda haveria mais uma etapa a vencer.

"Como enrolar a execução"

"Senivaldo, anexa isso aqui na defesa pro Supremo". A sugestão de um amigo chegou por *WhatsApp*, com dois prints de tela do perfil no Instagram de um juiz. "Como enrolar a execução até a chegada da prescrição?" era o que constava, em letras garrafais, no primeiro print. No segundo: "Arraste para o lado se você atua, como advogado, na defesa do executado".

Aquilo já não me revoltava mais. Uma passeada pela internet e pelas redes sociais de magistrados Brasil afora revela em poucos minutos que, sem a menor sombra de dúvidas, a pena de demissão era desproporcional para o meu caso. Um juiz vende a fórmula para que advogados "enrolem a execução" sem ser admoestado, enquanto eu era enquadrado por criar métodos efetivos de aprovação em concursos públicos. Enfim, como escrevi, já não sentia mais revolta. O que eu tinha era uma profunda necessidade de entender os motivos para aquela perseguição tão intransigente.

De qualquer forma, naquele 8 de junho, exatamente 15 dias depois da decisão do CNJ, meu pai se submetera a uma cirurgia cardíaca. Um procedimento invasivo, mas relativamente seguro. Ele havia esperado o resultado da revisão disciplinar para fazer a operação. Meu esteio, assim, estava inalcançável. Também não queria preocupar minha mãe, com as energias direcionadas aos cuidados de que ele precisaria.

Eu já havia voltado às funções. No dia 6 de junho, segunda-feira pela manhã, enquanto o Tribunal de Justiça de São Paulo determinava que eu me apresentasse ao fórum de Barretos, às 11h, o Mandado de Segurança protocolado mais cedo no Supremo Tribunal Federal acabara de ser distribuído para a ministra Cármen Lúcia. Eu ainda não sabia dessa informação. Soubemos, eu e Saul, pela notícia publicada na imprensa. Quando enviei o link a ele, terminava meu terceiro dia de trabalho em Barretos, após o retorno.

Foi um novo baque, sem dúvidas. Mas, um pouco menos dolorido. Àquela altura, depois de passar pelo julgamento do CNJ e ouvir o que os conselheiros disseram naquelas mais de quatro horas de sessão, o coração estava mais preparado. Eu não acreditava, na verdade, que o Supremo iria acolher o pedido liminar e, ao ler o Mandado de Segurança, fiquei confiante de que o mérito seria desfavorável ao Tribunal. Mas estava chateado, porque eu fizera as pazes comigo mesmo e com meu Tribunal. E teria de litigar novamente contra ele. Tudo o que eu queria era paz, não mais guerra.

O Tribunal de Justiça de São Paulo é uma instituição respeitável. Eu sou grato ao Tribunal. Não se trata de demagogia barata. Como juiz estadual, eu represento o Poder Judiciário paulista. Tenho consciência de que meus atos não se encerram na minha pessoa. São atos que têm a força de uma instituição tão pesada quanto o TJ paulista. E eu visto a camisa – no caso, a toga – nas missões às quais decido me dedicar. Fazer a diferença! Sou grato por amigos que o TJ me deu. Saulo, Marcelo Andreotti, Patrícia Conceição, Lucas Figueiredo, João Costa Neto, Guilherme Becker, Airton Pinheiro, , Isadora Beraldo, Paulo Maluf, saudoso Paulo Marcos, Neyton Fantoni, João Carlos Abdala, Fauler Félix, Antônio Carlos Pontes, Hermano Flávio, Lívia Antunes Caetano, dentre muitos outros. Além de servidores maravilhosos que sempre estiveram ao meu lado.

Por isso, ali, tudo o que eu queria era trabalhar para orgulhar o Tribunal. Mas, infelizmente, teria de contestá-lo, mais uma vez, enquanto vestia a sua camisa. Seja como for, trabalhei com afinco todos os dias e acompanhei o desenrolar do processo com atenção. Mas com menos angústia do que antes. A crise de ansiedade não voltou a me rondar.

Conexão Berlim

O voo entre o aeroporto internacional de Guarulhos, em São Paulo, e o aeroporto de Berlim, na capital da Alemanha, dura cerca de 13 horas. Passei pouco tempo dormindo, algum tempo trocando ideias sobre a nova aventura com a Rebeca e planejando ajustes de providências práticas. E, entre um e outro tanto de carinho e de atenção ao Shimon, que nos acompanhava, pensava no pós-doutorado e no Mandado de Segurança. Foi uma viagem, ao mesmo tempo, prazerosa e tensa. Sem que eu soubesse, era uma amostra grátis do que seriam os seis meses seguintes.

Do dia 8 de junho, quando ficamos sabendo do Mandado de Segurança impetrado pelo Tribunal de Justiça paulista no STF, até o dia 24 de junho, quando embarquei para meus estudos de pós-doutorado na Alemanha, não houve notícias sobre o andamento da causa. Os autos estavam conclusos à relatora desde o dia da impetração. O fato de ter como relatora da ação a ministra Cármen Lúcia nos dava certo conforto. Além de ser uma ministra razoável e equilibrada, ela já havia passado pela Presidência do Supremo e, logo, pela direção do Conselho Nacional de Justiça. Ou seja, conhecia na prática o Conselho, seu funcionamento e a importância de se manter hígidas as suas atribuições. Nossa avaliação era a de que só em um caso teratológico ela chamaria para si a responsabilidade de revisar um ato do colegiado do CNJ.

Pensava em tudo isso durante o voo. E no fato de, por essas coincidências da vida, eu estar atravessando o Atlântico para um novo desafio exatamente um mês depois de enfrentar uma das batalhas que mais pesou sobre meus ombros. Eu ainda não sabia que a nossa avaliação sobre as chances de sucesso do Mandado de Segurança estava corretíssima. A ministra indeferiria o pleito e, ao julgar um agravo, a turma confirmaria sua posição.

A ideia de fazer o pós-doutorado na Alemanha surgiu em uma conversa com o professor Ingo Wolfgang Sarlet, um dos mais completos constitucionalistas com quem já tive o prazer de conversar, estudar e trocar experiências. Conclui o doutorado em 2013, com uma tese que deu origem ao meu livro *Direito à Felicidade*. Não me afastei um só dia da condição de professor, mas não havia voltado a estudar desde então. Em uma das conversas com Ingo, ele me perguntou: "E o pós-doutorado, Saul?". Amigo que é, repisou que ficar muito tempo longe dos estudos podia passar a equivocada impressão de que eu havia deixado a academia de lado e tinha sido engolido pela advocacia. Generoso, e conhecedor do fato de que eu amo o ambiente acadêmico e a advocacia na mesma medida, o professor se dispôs a me ajudar a encaminhar o pós-doutorado.

Semanas depois, Ingo Sarlet me ligou para dizer que tinha uma ótima notícia, mas trazia também algumas condições. O professor alemão Dieter Grimm, que foi juiz do Tribunal Constitucional Federal alemão por 12 anos, outro reconhecidíssimo constitucionalista contemporâneo, interromperia sua aposentadoria para me orientar nos estudos. Que notícia sensacional! Comecei imediatamente a pensar na organização, em duas ou três viagens para a Alemanha, apresentação e leituras em inglês. Então, vieram as condições. Seria preciso mudar efetivamente para Berlim, viver na cidade por algo perto de um ano e estudar alemão do ponto de vista formal. Ingo me disse que Grimm não gostaria de orientar alguém que não conhecesse o básico de sua obra sobre jurisdição constitucional. Daí a exigência do estudo da língua alemã: ler ao menos alguns de seus textos no idioma original, porque muita coisa de seu trabalho não tem tradução para outros idiomas.

De novo, eu me preparava para conhecer outra parte do mundo. Depois de morar e trabalhar na África do Sul e em Israel, sempre estudando a jurisdição constitucional, e de ter voltado "em definitivo" para Brasília, eu redirecionaria novamente a vida para mais uma temporada longe de casa. Conversei com a Rebeca, que mais uma vez viu nessas temporadas de estudo no exterior a oportunidade de prosseguir com suas experiências internacionais. Agora, na condição de pesquisadora-visitante junto à Universidade Humboldt. Mas, desta vez, ela deu um ultimato: "Que seja a última, porque eu não aguento mais montar e desmontar apartamentos". Rimos e perguntamos ao Shimon o que ele achava da ideia – ele não se opôs, e viajou conosco. Shimon, para quem está se perguntando, é nosso cãozinho da raça Dachshund, também conhecido como salsichinha, responsável por fazer da nossa existência algo mais leve e feliz.

Foi uma das experiências mais ricas e também mais desafiadoras da minha vida. Primeiro, porque não deixei de advogar. Então, parte substancial do meu dia – e da minha noite, graças à diferença de cinco horas do fuso horário – era dedicada a acompanhar as sessões, redigir peças e atender clientes à distância. Muitas vezes fiz sustentações orais perante o Supremo e o Superior Tribunal de Justiça e, depois, às 20h no Brasil, uma da manhã na Alemanha, me reunia com clientes, após ter conversado com a equipe do escritório, para informar sobre decisões e alinhar ações futuras. No dia seguinte estava em pé às 7h para chegar à GLS – German Language School às 9h, de onde saía somente às 13h, de segunda a sexta-feira. Muitas vezes, eu descansava justamente redigindo em português as peças dos processos que acompanhava no Brasil. Não esmoreci porque aprendi no decorrer da vida que sacrifício é algo que, em regra, é recompensado.

Minha ideia inicial no pós-doutorado era estudar meios de aperfeiçoar o processo constitucional no Supremo Tribunal Federal. Como expliquei ao professor Dieter Grimm, algumas pontas soltas no processo de ações que tramitam no Supremo me incomodam. Por exemplo, as decisões do STF de modular os efeitos nos julgamentos de ações de controle concentrado, como a Ação Direta de Inconstitucionalidade. Não são poucas as vezes em que a Corte modula os efeitos invocando uma crise numérica, um rombo fiscal, sempre baseada em números apresentados pelo governo. Mas como admitir isso sem que seja intimada a outra parte para contestar os números da Fazenda? Modular sem abrir prazo para os interessados apresentarem os seus números? Como advogado, me inquietam as decisões que, quase sempre, fazem alusão a determinados elementos que não são provados. Eles são ditos em uma peça ou sustentação, são tomados como verdade e as partes não têm a chance de se manifestar. A ideia era estudar as possibilidades de evitar isso, com ferramentas para a construção de um processo legal constitucional mais objetivo e rigoroso.

O professor Dieter achou interessante, mas explicou que o tema, de certa forma, fugia um pouco de sua área de estudos. Ele também teria de estudar, e muito, principalmente a realidade brasileira. Se dispôs a fazê-lo, mas me colocou outra ideia, como sugestão. "Estou muito preocupado com os rumos da jurisdição constitucional, que está sob ataque no mundo. Veja o que aconteceu na Hungria, onde havia um Poder Judiciário exuberante, que foi completamente aparelhado. Ou na Polônia, que tinha um Judiciário independente e que foi engolido por governos populistas. Estou vendo, à distância, um permanente estado de tensão sendo relatado por juízes entre o governo e a Suprema Corte brasileira. Você não se animaria em estudar o papel das cortes constitucionais em tempos de crise?".

Enquanto ele explicava o que tinha em mente, eu me apaixonava pelo tema. Ainda mais depois de viver quatro anos sob um governo de extrema-direita que abriu uma guerra declarada à autoridade do Supremo Tribunal Federal. Não havia a menor possibilidade de não acolher a ideia.

Foco apenas na Judicatura

"Baixe a cabeça e trabalhe!". Este conselho eu ouvi de muitos amigos com os quais conversei – ou porque os procurei, ou porque me procuraram – sobre o fato de o Tribunal de Justiça de São Paulo ter acionado o Supremo Tribunal Federal para tentar manter a minha demissão. Este e muitos outros. Sempre voltava aos ensinamentos do meu pai (que, na verdade, são de Salomão): "na multidão de conselhos, há sabedoria!". Marcelo Andreotti e Saulo Soares, que volto a citar, foram dois amigos fundamentais durante esse processo. Juízes que compõem uma nova magistratura, mais antenada em solucionar problemas de forma efetiva, dentro dos limites de suas atribuições, claro, mas sem se contentar apenas com dar sentenças.

Foi o que fiz. Baixei a cabeça, fui trabalhar e deixei com o Saul o acompanhamento do processo. Quando estava fora da magistratura, investi muita energia em imaginar cenários. Depois da decisão do CNJ, com a minha volta ao trabalho, tinha com o quê me ocupar e estava empenhado em mostrar meu valor e minha dedicação. Voltei designado pelo TJ paulista como substituto no Fórum de Barretos.

Uma construção relativamente simples e funcional, bem cuidada, com um amplo gramado, sem luxos, mas muito agradável, o prédio do fórum de Barretos fica na Avenida Centenário da Abolição, 1500. Estacionei meu carro, olhei as escadas que levam ao saguão da entrada principal e lembrei da frase do ministro Luiz Fux, no julgamento do CNJ: "... concedendo a ele, muito embora não haja mais escravidão, uma verdadeira carta de alforria". Pensei em como a vida nos leva por caminhos insondáveis, pois a carta de alforria do ministro Luiz Fux estava a ser cumprida, naquele instante, no prédio de uma avenida que traz no nome a comemoração ao centenário da abolição.

Trabalhei ali por pouco menos de um mês, e então fui designado para a cidade de Palestina. Mas foi neste curto período que proferi uma sentença que marcou a minha volta, um caso de preconceito, não racial, mas tão odioso quanto. Em um jornal local, um comentarista tratou o alvo de sua crítica, um secretário do governo municipal, com expressões de caráter homofóbico. O alvo dos ataques entrou com ação pedindo indenização por danos morais.

Ressaltei, na sentença, que a liberdade de expressão é um direito fundamental. Mas num Estado Democrático de Direito não existem direitos absolutos. Mesmo que tenham uma proteção constitucional de peso, direitos fundamentais encontram, também, limites. A liberdade de expressão encontra seu limite quando há a caracterização de violação à dignidade da pessoa humana, direito também protegido constitucionalmente e considerado um dos princípios fundamentais da nação.

"Os termos das matérias veiculadas demonstram finalidade diversa daquela de mera informação e livre expressão de opinião, vestindo-se o jornal de interesses pessoais e com o intuito de ofender a imagem do autor. Ademais, os fatos ocorreram em cidade relativamente pequena e deve ser relembrado que nestes locais as divulgações injuriosas ou caluniosas têm alcance e consequências mais desastrosas do que em grandes centros populacionais", escrevi na sentença, e fixei o pagamento de indenização no valor R$ 10 mil ao ofendido.

Houve recurso contra a minha decisão. O mérito da sentença, do dia 23 de junho, foi confirmado pela 6ª Câmara de Direito Privado do Tribunal de Justiça de São Paulo. Os desembargadores acolheram em parte o apelo das partes condenadas. Por unanimidade, decidiu-se que houve ofensa capaz de gerar dano moral indenizável, o mérito. Mas reduziu-se o valor da indenização de R$ 10 mil para R$ 7 mil. Decisão tomada "à luz dos princípios da proporcionalidade e razoabilidade", consta do acórdão lavrado no dia 30 de setembro, 11 dias depois de meu advogado ter enviado ao STF minhas razões.

O TJ paulista, em Brasília, tentava derrubar a decisão do CNJ que me trouxe de volta à vida, à atividade que me dá mais prazer, à missão que abracei por acreditar na Justiça. O mesmo Tribunal, em São Paulo, ajustava o valor da indenização fixado em uma decisão minha contra o preconceito e o discurso de intolerância, mas mantinha o mérito de minhas razões. A contradição era de uma ironia rara. O Tribunal insistia em manter uma decisão que me classificou como incapaz de exercer a magistratura, enquanto corroborava as razões de sentenças que proferi no exercício da magistratura.

Não há soberanos no Estado Constitucional

Todos os dias pela manhã, quando abro meu e-mail, a caixa de entrada está, em regra, abarrotada de mensagens do Supremo Tribunal Federal. São as várias citações e andamentos das causas que acompanho, como advogado, acadêmico ou curioso, na Suprema Corte. No dia 2 de setembro de 2022, em meio aos estudos da tese de pós-doutorado em Berlim, num outono agradável, mas com algumas brisas noturnas bastante frescas a anunciar como seria, em pouco tempo, o gelado inverno, meus olhos foram tragados para uma dessas mensagens, que chegam, na maioria das vezes, durante a madrugada: "não_responda@stf.jus.br. [Push STF] – Andamento Processual – MS 38.601". Abri a mensagem: "7. Cite-se o magistrado interessado Senivaldo dos Reis Júnior na condição de litisconsorte passivo necessário, para, querendo, manifestar-se sobre o mérito da impetração, também no prazo de 10 (dez) dias".

Já havia conversado sobre o tema com Senivaldo. Assim que saísse a decisão da citação, não esperaríamos que ele fosse citado. Tomando conhecimento da expedição da Carta de Citação, já apresentaríamos as nossas razões. Foi o que fiz, em 19 de setembro seguinte. Em uma Manifestação de Mérito de 12 páginas dirigida à ministra Cármen Lúcia, repassamos as nossas razões e a dos conselheiros do CNJ que, em sua maioria, reconheceram a desproporcionalidade da punição imposta ao juiz Senivaldo.

Considerei importante informar que, desde a decisão de 24 de maio, quando o ministro Luiz Fux declarou, alto e bom som, que "no meu modo de ver, acabamos de fazer justiça", Senivaldo já tinha voltado à judicatura e demonstrava o mesmo empenho de antes de ser afastado. Na cidade de Palestina desde 27 de junho, era diretor do foro, do Cejusc, do juizado especial cível e criminal e da central de mandados. Respondera por plantões, inclusive o de final de ano, do recesso judiciário, e fora inserido na lista de antiguidade na mesma posição de antes da demissão. Era o 10º juiz substituto mais antigo.

Minha ideia foi mostrar que a decisão do CNJ fora consolidada. E não só. Que houve o esgotamento de todos os seus efeitos. Escrevi: "Se tanto trauma a excessiva punição da Corregedoria do TJSP já gerou, por que insistir nessa impetração? Se consolidados já estão os efeitos do cumprimento da decisão do CNJ, qual a utilidade deste mandado de segurança? Passa da hora de tudo isso se encerrar".

Busquei chamar a atenção da ministra para um ponto da argumentação que me saltou aos olhos. Um trecho de parágrafo constante da página 31 da inicial do TJ paulista que, antes de apresentar seus pedidos, apontava a verdadeira razão de ser daquele Mandado de Segurança contra ato do CNJ. Sustentava o Tribunal querer "evitar irreversível prejuízo à imagem do Poder Judiciário do Estado de São Paulo".

Destaquei o trecho e escrevi: "Se é disso o que se cuida, a impetração é despropositada. Primeiro, porque reaviva, no magistrado já reparado por uma decisão do CNJ, tudo o que suportou e, ao contrário de lhe ofertar acolhimento, impõe repetida perturbação. Depois, macula a capacidade institucional do CNJ ao reputar a sua decisão como sendo teratológica, apontando, como justificativa, o que denomina 'soberania' do Tribunal bandeirante, quando se sabe que não há 'soberanos' no Estado Constitucional. Por fim, confronta o Conselho em nome da imagem do TJSP, quando o comportamento tanto do magistrado Senivaldo dos Reis Júnior como do próprio CNJ foram irretocáveis em não estereotipar levianamente uma instituição".

Permitam-me, cara leitora e caro leitor, reproduzir abaixo o final de nossa manifestação, onde procurei mostrar que a decisão do CNJ, longe de desprestigiar o Tribunal bandeirante, ou mesmo lhe prejudicar a imagem, fazia justiça no seu mais profundo significado.

> Nota Derradeira: a decisão do CNJ, apontada, neste *writ*, pelo TJSP, como "ato coator", é, na verdade, realizadora dos valores supremos de uma *sociedade fraterna, pluralista e sem preconceitos*, tal como prevista no Preâmbulo da Constituição
>
> Segundo o *caput* do art. 102 da Constituição, compete ao Supremo Tribunal Federal, precipuamente, "a guarda da Constituição". Essa guarda se volta para a elevação do ser humano, não para a sua destruição. Ela vindica a igualdade e a justiça e compreende que todo e qualquer preconceito parte da crença sádica de que uns são superiores aos outros. Essa crença é incompatível

com o primado da igualdade e da isonomia, por isso, precisa ser permanentemente combatida por meio das instituições regidas pela nossa Constituição.

A Constituição brasileira foi a armadura da qual se revestiu o magistrado Senivaldo dos Reis Júnior, para, mantendo a sua integridade e reavivando o orgulho que sente por ser um integrante da magistratura bandeirante, vindicar justiça. O Preâmbulo dessa mesma Constituição promete assegurar o exercício, dentre outros direitos, da igualdade e da justiça *"como valores supremos de uma sociedade fraterna, pluralista e sem preconceitos"*.

Pelo inciso III do seu primeiro artigo, um dos fundamentos da República é "a dignidade da pessoa humana" e dois dos seus objetivos fundamentais são "construir uma sociedade livre, justa e solidária" (art. 3º, I), e promover o bem de todos, sem preconceitos de "origem, raça, sexo, cor, idade e quaisquer outras formas de discriminação" (art. 3º, IV). É uma República que determina o repúdio "ao racismo" (art. 4º, VIII), inclusive.

O art. 5º se abre com um *caput* que assegura que "todos são iguais perante a lei, sem distinção de qualquer natureza". O inciso XLI estipula que "a lei punirá qualquer discriminação atentatória dos direitos e liberdades fundamentais", sendo que a prática do racismo constitui crime inafiançável e imprescritível, sujeito à pena de reclusão (art. 5º, XLII).

Por fim, segundo o art. 7º, são direitos dos trabalhadores urbanos e rurais, além de outros que visem à melhoria de sua condição social, a proibição de diferença de salários, de exercício de funções e de critério de admissão **por motivo de cor** (art. 7º, XXX).

Ou seja, não falta amparo constitucional à pretensão do magistrado Senivaldo dos Reis Júnior. A Constituição foi o seu escudo contra os golpes impiedosos de uma justiça correcional que acreditou mais da força destrutiva dos seus martelos do que no equilíbrio sábio de suas balanças. A justiça prevaleceu e a decisão foi integralmente cumprida. Fim.

Se da dor, desde que corretamente tratada, pode florescer um campo fértil de esperança, generosidade e acolhimento, então o país mostra que tem, em episódios como o aqui narrado, todo o potencial para erguer um Poder Judiciário profundamente transformador e que seja, em seus quadros, tão repleto de cores como colorido é o Brasil.

Mas reconhecer o potencial do futuro não significa esquecer as cicatrizes do passado. Nesse sentido, vale lembrar que do lado de fora do plenário da Corte Constitucional da África do Sul há um painel com luzes vermelhas trazendo uma mensagem em língua portuguesa que diz: "A luta continua". Inspirada no mote de busca por independência em Moçambique, a expressão rememora ao Tribunal que não há descanso na jornada por direitos fundamentais. Quando um ciclo se encerra, outro se inicia. Dessa luta a história é feita.

Também assim o é na jornada que retrata, nestes autos, a experiência do jovem Dr. Senivaldo dos Reis Júnior. Na realização da promessa constitucional de "igualdade e justiça" como "valores supremos de uma sociedade fraterna, pluralista e sem preconceitos", não há tempo para descanso. Não apenas por ele, mas pelas futuras gerações. E para os jovens juristas negros vitoriosos em suas aprovações na magistratura, o CNJ deixou uma mensagem na decisão que proferiu e que ora é atacada pelo TJSP. Uma mensagem que diz: "Sejam bem vindos! Podem entrar. A magistratura brasileira é sim o vosso lugar".

O juiz *coach*

O título deste capítulo é provocativo. Se o caro leitor, por acaso, abriu o livro justamente aqui, sugiro que retorne ao primeiro capítulo e entenderá os motivos.

O juiz *coach*, em verdade, tem nome, se chama Senivaldo dos Reis Júnior. Quando temos casos midiáticos, a primeira coisa que acontece é roubarem o nome do envolvido. Isso foi bem lembrado pelo Saul na sua sustentação – aquele juiz *coach* tem nome, tem esposa, tem filhos, tem família, tem amigos.

Também ressaltado amplamente na sessão de julgamento do CNJ, o juiz *coach*, pelo curto período que atuou, foi reconhecido como "selo ouro": trata-se de um parâmetro desenvolvido pelo CNJ para que os juízes cumpram determinadas metas em um certo período, de acordo com a prioridade do Sistema Judiciário. Atingir a meta básica é difícil por diversos motivos, chegar-se, então, ao pódio máximo é algo extremamente desafiador e que somente alguém vocacionado, e com muita força de vontade, é capaz de fazer.

E quem seria, então, o juiz *coach*? Agora, já sabendo que eu tenho nome, Senivaldo Júnior. Carrego o "Júnior" que é um agnome reconhecido pelo nosso Direito Civil e que que reflete em seu significado o orgulho e a alegria paterna pelo seu filho.

Inspiro-me em um dos muitos amigos que essa história me deu e replico aqui palavras ditas por ele: *"A magistratura é um estado de espírito"*. Isso implica desenvolver uma sensibilidade humanística que vá além da lógica jurídica e se abra para a compreensão das dimensões subjetivas, emocionais e culturais que permeiam o processo judiciário. O magistrado deve estar atento não apenas às normas e aos procedimentos legais, mas também às histórias de vida, aos dramas pessoais e às demandas sociais que se expressam nos casos que julga.

Para isso, é fundamental cultivar virtudes como a empatia, a humildade, a compaixão e a sabedoria, que permitam ao magistrado se colocar no lugar do outro e compreender suas necessidades e aspirações. O magistrado humanista é aquele que não se contenta em julgar a partir de uma perspectiva unilateral, mas que busca compreender os múltiplos aspectos envolvidos em cada caso, a fim de tomar decisões justas e equânimes.

Trazendo para o meu caso concreto, não busco apenas produtividade, apesar de tê-la em alta conta, mas uma visão humanista e humanitária para os que eu chamo de meus colegas de trabalho que são os servidores, estagiários e terceirizados que compõem a engrenagem do funcionamento do fórum.

Muitas vezes, esses meus colegas me buscam para aconselhamentos de problemas pessoais porque sabem que não apenas os ouvirei, mas também os escutarei. A saber, servidor que precisa faltar em razão da doença de seu filho, e nada me impede de ir perguntar se está melhor, como foi a semana e a internação; servidora que vem orgulhosa mostrar que seu filho está em viagem de intercâmbio; servidor que me diz que precisou sair correndo no expediente em razão de o pai idoso ter sofrido uma queda e precisar levá-lo ao hospital; ligar para um servidor em razão do falecimento de seu pai. Além de poder reconhecer em cada colega de trabalho se ele está bem, se está cabisbaixo e de forma humanitária poder exercer a liderança que me é imposta pelo cargo.

Quando fiz os testes psicotécnicos para a realização das provas (tanto do TJ-SP quanto do TJ-RS) me fizeram a seguinte pergunta: Qual o maior desafio do magistrado? A resposta é simples e o mesmo tempo complexa. O maior desafio é a gestão de pessoas. Para isso, não existe fórmula pronta. Cada dia acordamos diferentes e os problemas de ontem não são os de hoje; talvez o que deu certo na semana passada já não é suficiente para o próximo mês.

Afinal, quem é o juiz *coach*? Quem sou eu? Eis aqui um pouco do que sou, na vida pessoal e na magistratura. Em uma véspera de Natal, estacionei o carro ao final do expediente para ir comprar algumas frutas e verduras. Ao retornar, havia no para-brisa do carro um bilhete pedindo presentes de Natal, com nomes e endereço. Nessa época, é corriqueiro que famílias carentes peçam ajuda para tornar o Natal menos triste, para que as pessoas lhes deem mantimentos e brinquedos para suas crianças.

Junto com alguns servidores, fomos até o local indicado no bilhete e descobrimos que aquela família tinha sete crianças, sendo três com necessidades especiais. Mobilizamos todo o fórum de Mirassol (juízes, servidores e promotores) para comprar cestas-básicas e brinquedos aquela família.

Aqui, abro minha história e exponho um pouco de minhas angústias e a minha privacidade para inspirar. Só com esse objetivo. Por isso é que conto, por exemplo, que ao determinar o acolhimento de uma família de irmãos, fiz questão de que houvesse o cumprimento de todas as normas previstas na lei e em atos do CNJ, bem como pedi que as crianças fossem até o fórum para que, pessoalmente, eu lhes explicasse os motivos daquela decisão. Além de, junto com abnegados servidores do fórum, termos alimentado as crianças e comprado chinelos para seus pés descalços. Lembro que, ao chegar em casa, após a decisão de acolhimento, fui recebido com uma corridinha de uma bebê de 2 anos de idade, a Liz, que se agarrou em minhas pernas e disse: "Papai, papai", enquanto lágrimas vinham escorrer pelo meu rosto.

Casos de pessoas vulneráveis – crianças, adolescentes e idosos – sempre me tocaram com mais força. Depois que me tornei pai, a sensibilidade no olhar para estes casos se aprofundou. Por isso, uma das primeiras reuniões que costumo fazer ao chegar a uma nova comarca é com os profissionais da Rede de Proteção à Criança e ao Adolescente. Fiz quando tomei posse em José Bonifácio. Voltei a fazer a reunião em Palestina. O leitor se lembrará da profissional que me cumprimentou feliz na escadaria do Fórum, no primeiro capítulo deste livro.

Aquela era a segunda reunião. Na primeira, encontrei profissionais muito dedicados, mas uma rede completamente desestruturada – o que não é uma exclusividade da cidade de Palestina, bom que se diga. Percebi que seria necessário fazer algumas rodadas de conversas com profissionais e autoridades para estruturar um trabalho conjunto e multidisciplinar. Judiciário, Executivo, Legislativo e a população teriam de sentar-se à mesa com cabeças e corações abertos para melhorar a situação das crianças em condições de risco e entregar política pública de qualidade para as pessoas daquela cidade.

O Judiciário é formado por uma maioria de servidores que busca sempre acertar. Há erros, claro, mas a meta é sempre acertar.

Quem é pai sabe como é a corridinha do abraço de um filho. Aquele abraço da Liz – no dia da decisão de acolhimento que acabei de relatar – me aliviou e, ao mesmo tempo, me deixou pesaroso. Foi uma decisão difícil de se tomar às vésperas do Natal, época em que os laços se renovam. Foi quando recebi, do Saul, a notícia de que o julgamento do agravo regimental do Tribunal de Justiça de São Paulo pela 1ª Turma do Supremo havia se iniciado naquele 16 de dezembro. Eu tentava tornar a justiça mais humanista, enquanto era julgado. Faz parte do jogo.

Resiliência suprema

O meu "Push STF" de 15 de novembro, feriado que comemora a Proclamação da República no Brasil, veio com uma notícia espetacular. Como prevíamos, a ministra Cármen Lúcia havia indeferido o Mandado de Segurança. Em uma decisão de 23 páginas, a ministra narrava de forma bastante objetiva os fatos e os argumentos das partes para concluir que o Conselho Nacional de Justiça agiu no estrito respeito do limite de suas atribuições.

Em suas palavras: "O voto condutor no acórdão impugnado baseou-se nas evidências constantes dos autos e nas infrações disciplinares imputadas ao magistrado, reavaliadas, sem exorbitância de competência, para a readequação da penalidade que tinha sido imposta, o que é admissível na esteira dos precedentes deste Supremo Tribunal. A carência de elementos comprobatórios a evidenciarem, de plano, ilicitude ou abusividade da decisão proferida pelo Conselho Nacional de Justiça, suficientemente motivada, não autoriza a substituição do juízo de mérito a que chegou naquela revisão disciplinar, no desempenho de competência constitucional originária, pelo entendimento deste Supremo Tribunal, que não tem função revisora das decisões daquele órgão".

Decisão assinada em 11 de novembro de 2022. Registrada no sistema de acompanhamento processual do Supremo no dia 14 e recebida por mim, por e-mail, no dia 15. Enviei uma mensagem para o meu amigo juiz, que àquela altura estava na Comarca de Palestina. Informei-o da decisão. "Mas ainda cabe agravo, certo?", me respondeu Senivaldo. Sim, cabia, mas eu achava que o tribunal não agravaria. Ledo engano. No dia 30 de novembro o TJ de São Paulo entrou com Agravo Interno insistindo em seu erro.

O julgamento virtual do Agravo pela 1ª Turma do Supremo Tribunal Federal se iniciou no dia 16 de dezembro. E, por causa do recesso, só terminaria em fevereiro. Senivaldo e eu ainda passaríamos as festas de final de ano sem que fosse colocada sobre aquela injustiça a merecida pá de cal. Restava-me tocar a vida e estudar, certo de que o resultado viria. Era preciso ser resiliente, como vinha sendo a jurisdição constitucional mundo afora. E foi pensando em resiliência, naquele novembro ainda não tão gelado, que me veio à cabeça o título do meu trabalho de pós-doutorado: *Jurisdição Constitucional Resiliente*.

A jurisdição constitucional tem dado provas da sua resiliência desde cedo. Nos Estados Unidos, quando o presidente Thomas Jefferson avisou que não cumpriria uma possível determinação judicial obrigando-o a dar posse a um juiz indicado por seu antecessor e oponente, John Adams, a Suprema Corte, em *Marbury v. Madson*, 1803, evitou um confronto direto, mas não sem antes cobrar uma fatura. Reconheceu-se competente para declarar leis inconstitucionais, num pioneiro exercício de legítima defesa institucional. Tornou-se, com a medida, a Suprema Corte mais poderosa do mundo.

A Alemanha, por sua vez, conta com uma Corte Constitucional que ajudou na limpeza das ruínas materiais e imateriais deixadas pelo nazismo. Nasceu para resistir. Na África do Sul, o então presidente Nelson Mandela criou uma Corte Constitucional cuja missão é evitar o triunfo de qualquer ensaio supremacista ou revanchista semelhante aos que forjaram o *apartheid.* Enquanto eu concluía os estudos da tese, dezenas de milhares de pessoas protestavam pelas ruas de Tel Aviv, em Israel, contra uma proposta de Reforma Judicial que retiraria o poder de dizer a última palavra em temas jurídicos da Suprema Corte e o entregaria ao *Knesset*, o Parlamento israelense. Lá, a jurisdição constitucional segue sendo resiliente, mas até quando?

O Estado Constitucional brasileiro, todavia, não havia mostrado, ainda, esse espírito. Agora, tendo o Supremo Tribunal Federal sobrevivido aos quatro anos de duros ataques sofridos durante um governo de extrema-direita, a Corte mostra ao mundo que o que ocorreu em países como Venezuela, Guatemala, Polônia e Hungria – cujos governos conseguiram abalar a independência judicial –, talvez seja um acidente, não necessariamente um destino. Quais mecanismos são esses, capazes de, na experiência brasileira, dotar a jurisdição constitucional de maior resiliência diante de crises extremas?

Minha ideia foi identificar esses mecanismos, estudá-los, categorizá-los e concluir acerca da possibilidade de haver a sua institucionalização doméstica, ou não. Bem como, quando crises extremas ocorrerem, sobre a possibilidade da sua utilização por outras jurisdições mundo afora.

Como Cortes Supremas podem sobreviver a crises extremas?

Não é possível oferecer um cardápio pronto e acabado capaz de responder questionamentos cujas respostas invocam considerações históricas, sociais, políticas, jurídicas e, especialmente, circunstanciais. Ainda assim, é possível, pela mera observação, apresentar, com seus devidos e necessários recortes, iniciativas institucionais adotadas pelo Supremo Tribunal Federal que podem, quando somadas, ter resultado em maior resiliência da jurisdição constitucional no Brasil.

Os primeiros elementos de resiliência do STF são os passivos. Eles visam a reduzir a tensão entre o Supremo e algum outro Poder por meio de uma postura que pode parecer omissa ou procrastinatória, mas que, em verdade, tenta dissipar parte da energia dispensada àquela relação que começa a ser demasiadamente beligerante, a ponto de colocar em risco a autoridade da jurisdição constitucional. São exemplos: (1) tentativas de conciliação prévias com pessoas políticas, ao contrário de simplesmente determinar, com o uso do poder, o cumprimento de uma decisão; (2) aceitação, ainda que provisoriamente, de efeitos backlash em algumas de suas decisões; e (3) postergação de debates acerca de temas não apenas marcados por desacordos morais relevantes, mas, especialmente, constitutivos de centralidade na agenda política do Poder oponente da jurisdição constitucional.

Há também os elementos de comunicação, voltados a ampliar a potência das suas mensagens nas deliberações jurisdicionais ou administrativas, ou, ainda, usados para esclarecer questões essenciais para a preservação da sua autoridade, ou, também, na reação a ataques e, por fim, na tentativa de granjear suporte internacional ao seu trabalho. É possível ilustrar com os seguintes exemplos: (1) ampliação dos canais institucionais de comunicação por meio dos quais o STF interage com a população; e (2) adoção de iniciativas de diplomacia judicial.

Por fim, os últimos elementos são os reativos. Costumam ser adotados apenas quando se tem, por parte dos demais Poderes – notadamente o Poder Executivo – demonstrações claras de que se pretende atacar diretamente o núcleo essencial de direitos fundamentais, ou iniciar procedimentos de impeachment contra membros da Suprema Corte ou, ainda, descumprir as suas decisões. São exemplos: (1) estabelecimento de uma agenda deliberativa capaz de deixar claro qual a posição da Suprema Corte acerca de um dado tema; e (2) o resgate, ou mesmo a construção, por meio da interpretação, de competências até então não desempenhadas pela Suprema Corte com tamanha intensidade, mas que passam a ser fundamentais para a manutenção da sua autoridade e para a preservação da sua existência.

Comportamentos institucionais como esses são conhecidos. Quando a Suprema Corte dos Estados Unidos, para sobreviver, em 1937, reverteu sua posição então contrária ao New Deal do poderoso presidente Franklin Delano Roosevelt, ela abriu caminho para a vindicação futura por direitos. Perdeu naquele momento, mas para ganhar no dia seguinte. Nasceu, uma década e meia depois (1953/1969), a Corte de Warren, desmantelando a segregação racial e fazendo muito pela independência judicial.

Esse tipo de resiliência está em linha com a lógica cíclica da realização dos direitos fundamentais. Se é verdade que esses direitos vão se regenerando ou se incrementando com o tempo, em ciclos, não pode ser diferente com a sua realização pelas Cortes. Assim, um passo para trás pode simbolizar dois para frente na jornada de realização de direitos pertencentes às presentes e futuras gerações.

Na trajetória da jurisdição constitucional em todo o mundo, primeiro as Cortes Constitucionais foram criadas. Posteriormente, elas floresceram. Agora, muitas delas precisam resistir. Essas três correntes de elementos – passivos, comunicativos e reativos – ajudaram a Suprema Corte brasileira a sobreviver. Para alguns, é isso o que importa.

E assim a jurisdição constitucional brasileira suportou um enfrentamento direto do Poder Executivo. Resiliência era a palavra de ordem enquanto eu escrevi a tese, me preparava para defendê-la e via os dias em Berlim ficarem cada vez mais curtos.

Não deu errado, não!

Não deu errado, não
Isso é só uma fase, vai passar
Aguenta, coração
Seu momento não define o seu final

Não deu errado, não
Todo sonhador tem que correr o risco
Aprenda uma lição
O final é bem melhor que o início

E no fim, tudo vai dar certo
E se ainda não deu é porque o fim
Ainda não chegou, você é vencedor

A letra da música *Não deu errado, não!*, do Pastor Lucas, me acompanhou por uma fundamental parte do processo de reconstrução da minha autoestima, enquanto aguardava o julgamento de nossa revisão disciplinar no Conselho Nacional de Justiça. Pudemos cantá-la em coro, juntos com o intérprete original, em Araguapaz, no templo da Assembleia de Deus que é liderado por meu pai, em 29 de agosto de 2022.

"Não deu errado, não" é uma frase que pode ser difícil de aceitar em meio às dificuldades e aos obstáculos que enfrentamos em nossas vidas. Mas, como cristãos, sabemos que Deus tem um propósito maior para tudo o que acontece em nossa jornada. Talvez você esteja se perguntando por que as coisas não saíram como você esperava. Talvez você esteja lutando contra uma decepção ou uma perda. Talvez você esteja enfrentando um caminho difícil que parece não ter fim.

Mas não desanime. Lembre-se de que Deus está com você em todos os momentos e que Ele tem um plano para a sua vida. Mesmo que as coisas pareçam difíceis agora, saiba que Deus está trabalhando em seu favor. Ele pode estar usando essas circunstâncias para moldá-lo e prepará-lo para algo maior e melhor no futuro. Ele pode estar lhe dando a oportunidade de crescer em sua fé e confiança n'Ele. Ele pode estar mostrando que você é mais forte do que imagina e que pode superar os desafios que surgem em seu caminho.

Então, lembre-se: "Não deu errado, não». Confie em Deus e no Seu plano para a sua vida. Acredite que Ele tem o controle de todas as coisas e que, no final, tudo irá cooperar para o seu bem. Não perca a esperança e não desista dos seus sonhos. Permaneça firme em sua fé e saiba que Deus está com você, guiando-o em cada passo do caminho. Lembre-se de que "todas as coisas cooperam para o bem daqueles que amam a Deus" (Romanos 8:28) e que, com Ele ao seu lado, você pode superar qualquer desafio que surja em seu caminho.

Quando tomei posse, em 2019, fiquei muito tempo em São Paulo, por conta dos cursos de formação da magistratura. Luana e Enzo em Goiânia, eu fazendo viagens rápidas para lá até que fosse designado, acabei não organizando o esperado Culto de Gratidão. Esperado por meus pais, e também por mim e por minha família. Temos fé, e isso não é segredo para ninguém. Somos evangélicos e respeitamos toda a forma de fé e espiritualidade das pessoas. Sou grato a Deus por tudo e o agradeço todos os dias. Seguimos frequentando nossos templos e os cultos, mas o Culto de Gratidão é especial. Você o organiza e oferece porque conseguiu algo estupendo – no meu caso, a aprovação na magistratura.

Quando nos mudamos de vez para São Paulo, ocupado com os afazeres judiciais e preocupado com meu desempenho, adiamos a organização do Culto de Gratidão. No semestre seguinte veio o processo administrativo disciplinar e, então, era hora de pedir. Pedir resiliência, paciência e, sobretudo, justiça.

Durante todo o processo administrativo, meu pai nunca perdeu a fé. Tinha certeza de que as acusações seriam anuladas e que nada constaria nos meus registros funcionais. Ele falava isso em todas as nossas conversas. E conversamos todos os dias. Em muitos momentos, ele teve mais esperança do que eu. Mesmo com minha demissão, não se abalou. Ao contrário, ele e minha mãe, logo que demos entrada do recurso ao CNJ, exigiram que eu organizasse um Culto de Gratidão pelo que estava por vir.

Uma das certezas de que Deus guardava algo bom para nós veio com o fato de termos conseguido um advogado como o Saul e um escritório como o do professor Ayres Britto. Era um indicativo, principalmente pelo porte do escritório e pelo fato de não ser uma banca que, em regra, advoga para pessoas físicas. Ali minha mãe já me pediu para perdoar, a exemplo de Jó, aqueles que me atacaram, que me humilharam, que me prejulgaram e organizar o culto. Porque a vitória estava por vir e perdoar é divino.

E assim fizemos. Planejamos o culto enquanto todas as portas se fechavam. As liminares negadas, o processo sem pauta e sem previsão de entrar em pauta, mas, pela fé, discutíamos uma data. Eis que, no meio da organização, o processo foi pautado, adiado duas vezes e, finalmente, julgado. A vitória veio em 24 de maio, mas o Culto da Gratidão demorou três meses. Por dois motivos. Primeiro, porque meu pai faria uma cirurgia no coração, e nós o queríamos plenamente restabelecido no culto. Em segundo lugar, porque eu queria a presença do Pastor Lucas que, sem saber, me ajudou tanto com suas músicas. Ele é um tanto famoso no meio evangélico. Por isso, sua agenda é bem apertada.

Meu pai se recuperou, as agendas foram ajustadas – a do Pastor Lucas graças à ajuda do Bruno, um dos amigos que me emprestou dinheiro para os concursos – e o culto foi marcado. O som do Pastor Lucas embalou uma homenagem que decidi fazer aos meus pais. Diferente de alguns tribunais, o de São Paulo não faz a solenidade de entrega das togas. É o juiz quem providencia a vestimenta depois. Nos tribunais que mantêm a solenidade, a cerimônia é bonita. O juiz indica as pessoas que irão colocar a toga em seus ombros. Geralmente, familiares, o que faz do ato algo menos solene e muito emocionante.

Decidi fazer isso no templo. Em determinado momento do culto, meu irmão Álvaro, e minha irmã

Abikeylla, trouxeram a toga e a entregaram aos meus pais. Ali, na presença de Deus, fui abençoado juiz por quem me trouxe ao mundo. Recebi a responsabilidade de honrar a memória dos meus pais e de fazer o bem. E é o que busco fazer todos os dias, com objetividade e afinco, buscar servir a Deus, respeitando o Direito, os Tribunais e, principalmente, o jurisdicionado a quem devo servir, afinal, sou servidor público.

A primavera sempre chega!

Cheguei à Alemanha em pleno verão. Um verão atípico. Segundo o noticiário e os cidadãos locais, um dos verões mais quentes da história recente daquele país. Nas ruas, as cenas eram as de um país tropical. Taça de Aperol suada em cima das mesas, em meio às canecas de *weissbier.* Todos de bermudas, parques lotados, cachorros latindo, pessoas nuas nadando em lagos. Às 21h30, um sol ainda iluminando a pele.

A partir de outubro, os meus professores da escola de idiomas – alguns deles, estrangeiros como eu – começam a planejar. "Em janeiro, eu vou para Itália ou para a Espanha. Não passo o inverno aqui". Mas é assim tão ruim? "Quando chegar, você me diz". O mês de dezembro já foi muito frio. Mas havia ainda no ar o clima de festas que, literalmente, aquecia a cidade. Berlim estava muito cheia no seu primeiro final de ano sem qualquer restrição pandêmica desde 2019.

Veio o ano novo e, no dia 2 de janeiro, parecia que alguém havia virado uma chave ou apertado um botão escrito "Inverno". Às 16h30 os dias já viravam noite escura. A Berliner Dom, a principal catedral da capital alemã, é um ponto turístico pelo qual eu sempre passava passeando com o Shimon. Sempre muito cheia, com o entorno florido, viva. Até chegar o inverno!

Um frio de arder as narinas ao respirar, gelo, pouquíssimas pessoas nas ruas – e as que estavam, todas empacotadas de preto. Árvores completamente sem folhas, os caules secos, quase trincados. A catedral não tinha mais cúpula, metade dela coberta por uma neblina densa. Numa das vezes em que passei ali olhando para o alto, do meio da neblina saiu uma revoada de corvos. "Crá, crá, crá, crá, crá". Um cenário perfeito para Alfred Hitchcock.

Falava sobre isso com um professor do curso de idiomas que não viajou, quando ele me disse. "As estações não falham. E, vencido o inverno, vem a primavera". Passei imediatamente a postar isso em fotos melancólicas no Instagram. Pois, em meu primeiro post nos stories com a referência à chegada da primavera, Senivaldo, escreveu um comentário: "É isso que acontece com o nosso processo. Estamos passando por um período escuro, sombrio, amedrontador. Mas a primavera está chegando".

No nosso caso, a primavera chegou ainda no inverno! No dia 7 de fevereiro, por unanimidade, a 1ª Turma do Supremo Tribunal Federal negou provimento ao agravo regimental nos termos do voto da relatora. Exatamente três semanas depois, eu apresentaria o resultado dos meus estudos do pós-doutorado em um seminário organizado pelo professor Dieter Grimm.

No dia 28 de fevereiro, não abri o computador pela manhã, nem chequei todas as mensagens. Cedo na Alemanha, madrugada no Brasil, me coloquei frente a uma mesa de discussões formada pelos meus orientadores

Dieter Grimm e Ingo Wolfgang Sarlet, e pelos professores Christian Waldhoff e Luís Greco, para apresentar a ideia de "Jurisdição Constitucional Resiliente: a experiência brasileira". Tudo na faculdade de Direito na Universidade Humboldt, em Berlim.

Conclui que na trajetória da jurisdição constitucional em todo o mundo, primeiro as Cortes Constitucionais foram criadas. Posteriormente, elas floresceram. Agora, muitas delas precisam resistir. E expliquei que três correntes de elementos – passivos, comunicativos e reativos – ajudaram a Suprema Corte brasileira a sobreviver. Para alguns, é isso o que importa.

Eu ainda não sabia, ali, que no dia anterior a decisão da 1ª Turma do Supremo transitara em julgado. Só depois de apresentar minha tese de pós-doutorado é que Senivaldo me escreveu. "Já viu o push?". Não vi, mas intuí. Ganhamos. Finalmente, ganhamos. No dia seguinte fui comemorar com a Rebeca, o Shimon e o rigoroso inverno alemão, enquanto pensava sobre resiliência. O caso Senivaldo, o inverno alemão, a resistência do STF. Nada é por acaso e resiliência é, talvez, uma das principais armas que os seres humanos e as instituições democráticas têm a seu dispor. É preciso saber usá-la, porque a primavera, meus caros, sempre chega.

No caso do meu amigo Senivaldo, dois fatos demonstram, de forma cabal, que dizer que a primavera sempre chega é mais, muito mais do que mera força de expressão. Às vésperas de o julgamento do Conselho Nacional de Justiça completar um ano, recebo de meu amigo a seguinte mensagem: "Compartilho com você a alegria de informar que sou o mais novo juiz titular de Palestina". Era dia 15 de maio de 2023, nove dias antes do aniversário de um ano do julgamento que devolveu a Senivaldo sua toga.

Pois no dia 24 de maio, recebo do amigo nova mensagem, pela manhã. "Saul, hoje faz um ano do dia em que você me fez chorar de alegria e libertação. E, veja só, é dia de Tribunal do Júri. Por isso, passarei o dia trajando a toga".

A primavera chegou!